리츠 투자 핵심포인트 70

REITs

리츠 투자
핵심포인트 70

김정렬 외 지음

http://www.book21.co.kr

어려운 여건 속에서도 분투하고 있는
KORET, 국민자산신탁 임직원들에게 이 책을 바친다.

리츠는 신무기, 정체는 무엇일까

리츠는 새로운 부동산 시장을 여는 열쇠이자 훌륭한 도구이다. 많은 사람들은 리츠를 IMF 관리체제라는 전쟁터에서 생존할 수 있는 신무기라고 생각했다. 리츠는 판심의 대성이 되었고 시람들의 호기심을 자아냈다. 과연 리츠의 정체는 무엇인가?

리츠는 부동산과 금융이 만나 만들어 낸 걸작품이다. 리츠는 움직이지 못하는 부동산에 바퀴를 만들었다. 무거운 부동산이 손쉽게 움직이는 주식으로 탈바꿈했다. 그러나 아무리 바뀌어도 본질은 부동산이다. 이 두 가지 요소를 철저히 이해하고 조화시켜야 리츠는 성공한다. 리츠를 이해하려면 자신감이 있어야 한다. 그것은 칼을 쓰는 것과 같다. 기와 혼이 살아 있어야 한다. 하루아침에 되는 것이 아니다. 그러나 역시 출발점은 의욕과 자신감이다. 칼은 쓰는 사람에 따라 위력이 달라진다.

이제까지 부동산시장은 정보의 불평등이 심했다. 그래서 각종 투기가 이루어졌다. 혹자는 정보가 공개되어 부동산 투자가 대박을 터트리지 못한다는 사실이 알려지거나 철저히 세금을 내야 한다면 투자자들이 떠날 것이라고 우려한다. 물론 일부 투기꾼들은 떠날 것이다. 그러나 그 자리는 공개된 정보를 분석하여 투자하는 대다수 건전한 투자자들이 메우고도 남을 것이다. 정보를 독점하는 데서가 아니라 공개된 정보를 분석하고 판단하는 능력에서 부가 창출되어야 한다. 그리고 리츠는 부동산시장에서 이 문제를 해결하는 열쇠가 되어야 한다. 부동산 시장의 정보 불평등을 획기적으로 개선하여 진정한 투자의 장으로 만들어야 하고 전문가가 대우받는 시스템을 구축할 수 있어야 한다. 이것이 부동산 분야에서 우리나라가 경쟁력을 가지는 유일한 방법이다.

이 책은 리츠를 그림과 표로 구석구석을 알기 쉽게 정리했다. 귀한 시간을 쪼개어 4명이 책을 내다보니 같이 모여 이야기하고 일했던 기억이 새롭다. 출판을 위해 애써 준 21세기북스 김기옥 팀장에게 감사드린다. 이 책이 리츠를 운영하는 사람과 리츠 투자자 모두에게 도움이 되기를 기대한다.

2001년 10월
저자대표 김정렬

리츠는 어떤 구조를 갖고 있나

리츠는 부동산의 매력과 금융의 장점이 만난 상품이다.

투자자는 리츠에 투자하고 주식을 갖는다. 리츠는 투자자의 돈을 부동산에 투자한다. 리츠는 투자자에게 배당으로 이익을 돌려준다. 리츠의 성패는 부동산의 선점과 운용 및 리츠 경영진의 능력에 달려 있다. 리츠는 다음과 같은 구조를 갖고 있다.

1. 리츠는 주식회사이다. 주주총회, 이사회, 간사가 리츠를 운영하는 기관이다.
2. 발기인이 인수한 주식을 제외한 나머지는 투자자들에게 공모하여 주주를 구성한다.
3. 리츠의 설립과정과 운영과정은 건설교통부가 감독하여 일반투자자를 보호한다.
4. 리츠가 보유한 부동산은 리츠 자체에서 또는 자산관리회사와의 관리 · 운용 계약을 통해서 관리한다.
5. 리츠의 부동산, 유가증권 등 자산은 은행과 신탁회사가 보관한다.
6. 투자자문회사는 리츠자산의 자문과 리츠투자자에 대한 자문업무를 수행한다.
7. 증권회사와 은행은 리츠의 판매 · 상장업무를 담당한다.

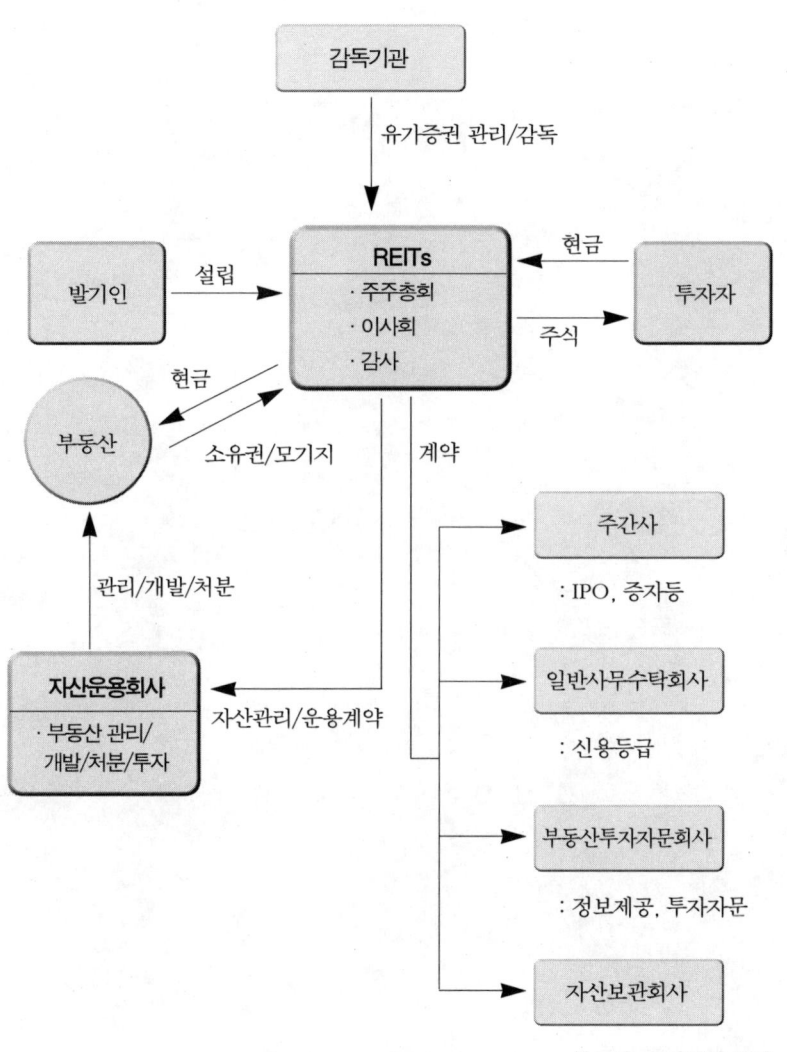

감독기관

유가증권 관리/감독

발기인 ──설립──▶ REITs
· 주주총회
· 이사회
· 감사

현금 ◀── 투자자

주식 ──▶

부동산

현금

소유권/모기지

계약

관리/개발/처분

자산운용회사
· 부동산 관리/
개발/처분/투자

자산관리/운용계약

주간사
: IPO, 증자등

일반사무수탁회사
: 신용등급

부동산투자자문회사
: 정보제공, 투자자문

자산보관회사
: 부동산, 유가증권 보관

리츠의 이해

REITsREITsREITsREITsREITsREITsREITsR

리츠란 무엇일까

• 리츠는 소액투자가 가능한 부동산간접투자상품이다 •

부동산은 크고 무겁다. 이 부동산을 잘 움직일 수 있는 방법은 없을까? 부동산에 바퀴를 달아주면 어떨까? 그렇게 되면 부동산은 손쉽게 움직일 것이다. 여기에서 바퀴 역할을 하는 것이 바로 리츠이다.

작은 돈을 가진 사람들도 서로 돈을 모으면 큰 부동산을 살 수 있다. 리츠는 투자기회를 균등하게 한다. 그런 의미에서 뮤추얼펀드(Mutual Fund)인 셈이다. 또 부동산 등기를 직접 자기 이름으로 하지 않고 주식을 통해 간접 소유한다는 점에서 부동산간접투자상품이다. 이것은 부동산의 증권화를 뜻한다.

그렇다면 부동산을 증권화하여 간접적으로 투자하는 방법에는 어떤 것이 있을까? 부동산에 전문으로 투자하는 회사를 설립하고 그 회사의 주식을 소유하면 된다. 이러한 간접적인 투자제도를 창안하고 발전시킨 곳은 미국이다. 그리고 미국의 'Real Estate Investment

Trusts'를 우리 식으로 도입한 것이 우리나라의 리츠이다.

리츠(REITs)는 Real Estate Investment Trusts의 약자이다. 부동산에 투자하는 신탁 또는 회사를 말한다. 영미권 국가에서는 신탁과 회사가 비슷한 성격을 갖는다. 하나의 회사를 지칭할 때는 '릿(REIT)'이라고 부르고, 여기에 복수를 의미하는 's'가 붙어 통상 '리츠(REITs)'라고 부른다.

우리나라 부동산투자회사법 제2조에 의하면 리츠, 즉 부동산투자회사를 "자산을 일정 비율 이상 부동산 또는 부동산 관련 유가증권에 투자하여 그 수익을 투자자에게 배당하는 상법 및 부동산투자회사법에 근거하여 설립된 주식회사"라고 규정하고 있다.

리츠는 부동산의 바퀴 역할을 한다

리츠는 금융상품일까, 부동산상품일까

• 리츠는 부동산에 투자하는 금융상품이다 •

리츠는 금융상품일까, 부동산상품일까? 워렌 버펫은 "주식투자는 주식이라는 종이에 투자하는 것이 아니라 투자하는 회사의 일부분을 사는 것"이라고 말했다. 가치투자자들의 금언이다. 리츠도 부동산투자회사의 주식을 사는 것이지만 결국 그 회사가 투자하는 부동산을 사는 것이라고 볼 수 있다.

실제 운용사례를 생각해보자. 미국의 부동산종합회사인 CB Richard Ellis는 미국 리츠가 보유하거나 상업용저당채권(CMBS, Commercial Mortgage Backed Securities)으로 유동화된 모든 부동산에 대한 자세한 정보를 가지고 있다. 그리고 이것을 토대로 다양한 운용을 한다. 예를 들어 BBB급으로 분류된 상업용 저당채권 전체에서 상위 10%는 사실상 A급 이상의 안정성이 있다. 이것을 모아서 다시 트렌체(Trenche)를 만들어 이자율 차이에 따른 차익(IO Strip)을 엄청나게 보는 사업을 하고 있는 것이다. 투자 대상은 대부분 리츠이거나 CMBS이거나 부동산이기 때문에, 부동산을 가장 잘 아는 사람이 가장 잘 투자할 수 있다는 이야기이다.

단기적인 가격변동은 자금시장의 흐름에 따라 변동성이 커진다. 부동산 임대수익과 가격의 안정성과는 별도로 상장된 부동산회사의 주식은 대개 큰 폭으로 움직이는 경향이 있다. 증권시장의 동조화 현상이다. 따라서 주식투자수익률을 기준으로 연간 100%까지 수익을 내는 경우도 발생한다. 이것은 부동산의 주식화에 따른 하나의 현상으로 볼 수 있다.

리츠는 부동산시장의 변화에도 민감하지만 주식시장이나 금리에

리츠 상식

Sale & Lease-back이란

도시 가운데 큰 빌딩이 있다. 여기에 리츠를 활용할 수 있는 방법은 없을까? 빌딩을 갖고 있는 기업은 자금이 필요한 상태다. 그렇다면 기업은 자신의 사옥을 리츠에 양도하고 그 대가로 리츠로부터 돈을 받으면 된다.

리츠는 주식을 공개 모집하여 모은 자금으로 빌딩 매입대금을 지불한다. 기업은 리츠로부터 빌딩 매각대금의 일부를 주식으로 받는다. 이렇게 하면 기업은 빚을 내지 않고 모자란 자금을 조달할 수 있게 된다. 그리고 기업은 리츠의 일정 지분도 보유했기 때문에 여전히 빌딩 운영에도 주주로서 참여할 수 있는 장점이 있다. 물론 그 동안 사용해 왔던 건물도 비울 필요가 없다. 리츠와 장기 임대계약을 맺고 그대로 사용하면 된다. 리츠도 안정적인 장기 임대가 가능하고 고정적인 임대료 수입을 얻을 수 있어 좋다. 이를 Sale & Lease-back이라고 한다.

도 직접적으로 영향을 받는다. 예를 들어 박문수 씨가 리츠에 투자하여 연간 15%의 수익을 얻는다고 가정하자. 홍길동 씨는 같은 기간 동안 일반 기업에 대한 주식투자를 통해 평균 30%의 수익을 올렸다. 이 경우 리츠는 매력적인 것이 아니다. 마찬가지로 금리가 18%라고 한다면 리츠에 투자한 사람은 상대적으로 손실을 본 셈이다. 그러므로 리츠는 정기예금, 주식, 채권 등과도 비교될 수 있다.

정리하면 리츠는 부동산에 투자하는 금융상품이다. 투자자 입장에서는 리츠의 주식을 구입하는 것이므로 금융상품이며, 정확하게 표현하여 주식투자에 가깝다. 하지만 근본적으로는 부동산에 투자하는 것이므로 결국 부동산시장과도 직접적인 관련이 있다.

리츠는 부동산에 투자하는 금융상품이다.

리츠는 우리나라에 어떻게 들어오게 됐나

• IMF 이후 소액투자자들의 대형 부동산 구매를 유도하고 기업의
자금 흐름을 활성화시키기 위해 리츠 제도가 도입되었다 •

덩치가 크고 입지조건이 좋은 부동산은 인기가 있고 가격도 엄청
나다. 땅값이 비싸니까 건물도 크게 짓는다. 사람도 많이 모인다. 교
통이 편리하고 찾기도 쉬우니 임대가 잘 된다. 그리고 당연히 임대료
도 비싸다. 이런 부동산은 아무나 사지 못한다. 보통 수백, 수천억 원
이 넘는 부동산도 많다. 그래서 살 수 있는 사람이 한정되어 있다.

그런데 경제위기를 맞아 IMF 관리체제에 들어가면서 사정이 달라
졌다. 금리가 30%대로 치솟아오르자 기업이 이자 낼 돈을 마련하기
위해 가지고 있던 부동산을 헐값으로 내놓을 수밖에 없었다. 이 과정
에서 '알짜 부동산'은 대부분 외국인들의 손에 넘어가고 말았다. 그
부동산을 살 수 있는 국내 기업은 거의 없었다. 모두들 팔기에 급급
했다. 사실 외국인들도 자기 돈은 조금밖에 들이지 않고 산 것이었

다. 게다가 그들은 대부분 샐러리맨이거나 퇴직연금생활자들이었다.

지금도 여전히 기업은 팔아서 빚을 갚는 데 써야 할 부동산을 보유하고 있고, 사람들은 쌈짓돈을 은행에 예금하고 있다. 분명히 기업이 가진 부동산을 사서 임대하면 은행이자보다 수익이 높을 것이라는 것을 알면서도 선뜻 그렇게 하지 못한다. 은행은 은행대로 개인이 예금한 돈을 목돈으로 가지고 있지만 정작 부동산을 사기는 어렵다. 부동산을 관리 운영할 수 있는 경험이 없기 때문이다. 그래서 많은 돈이 시중에 떠돌고 있다. 그 규모는 약 300조 원 정도이다.

한때 정부가 이 돈을 주식시장으로 끌어들여 주식시장이 활성화되었다. 사람들은 아낌없이 유상증자의 형태로 돈을 기업에 투자했다. 기업은 그 돈으로 빚을 갚고 장사를 했다. 기업이 장사를 못해서 배당이 없고 주가가 내리는 것은 주주 본인의 책임이다. 투자 판단을 잘하지 못했기 때문이다. 그런데 장사를 잘하고도 배당은 조금 하고 번 돈의 대부분을 회사 내부에 남겨 두는 데에는 사실 소액주주들로서 속수무책일 수밖에 없다.

1년 내내 주식을 들고 있었던 대가가 쥐꼬리만한 배당률(배당금액/매입가격)로 돌아올 때 우리는 시세차익을 생각하지 않을 수 없다. 이미 주식은 '돈 놓고 돈 먹기' 식의 투기장이 된 지 오래다. 우선주(배당률이 보통주보다 1% 많은 것이 보통이다)가 보통주 가격의 10배, 20배가 되어도 아무도 이상하게 생각하지 않는 세상이 된 것이다. 그러다가 주식시장이 침체되면서 시가총액 1/3 이상의 돈이 허공으로 사라졌다. 사실 돈이 허공으로 사라진 것은 아니다. 결국 누군가 그 돈을 챙겼을 것이다. 어쨌든 이제는 진짜 투자할 데가 없어진 것이다. 이

자소득세 24%를 내고 손에 쥐는 몇 퍼센트짜리 예금이자의 수익률을 생각하면 돈을 몽땅 찾아 장판 밑에 넣어 두는 게 차라리 낫겠다는 생각이 들지도 모른다.

그래서 리츠가 생겨났다. 외국인만이 살 수 있었던 기업 보유 대형 부동산을 개인도 돈을 모아 살 수 있게 한 것이다. 이제 기업들은 가지고 있는 부동산을 팔아 빚을 갚고 본래의 영업 분야에 전념하여 경쟁력을 키울 수 있다. 은행은 기업에 빌려줬던 돈을 받아 BIS비율도 높이고 돈을 떼이거나 이자를 제때 못 받는 상황을 더 이상 염려하지 않아도 된다. 정부는 구조조정을 위해 골머리를 썩지 않아도 된다. 이런 기대 속에서 생겨난 것이 바로 리츠이다.

IMF가 리츠 도입을 촉진시켰다.

리츠는 어떤 과정을 거쳐 왔을까

• 은행 부동산투자신탁이 처음 도입되었고,
ABS와 MBS를 거쳐 리츠가 도입되었다 •

IMF 구제금융을 받게 되면서 시작된 금리폭등, 부동산 과잉공급 및 가격폭락, 외국인들의 대형 부동산 사냥이라는 일련의 과정을 거치면서 부동산가격의 불패신화는 깨졌다.

기업은 부동산을 처분해야 했는데 사줄 사람이 외국인뿐이었다. 물론 토지공사 등을 통해 정부가 간접적으로 부동산을 매입할 수도 있었다. 하지만 정부는 부동산을 계속 보유하고 장사할 수 있는 주체는 될 수 없다. 그리고 개인의 돈은 부동산에 투자할 정도로 거액은 아니다. 그래서 정부는 경제학에서 말하는 경제주체 중 가장 큰 덩치를 가진 개인의 돈을 투자라는 이름으로 기업의 부동산과 연결시키는 작업을 꾸준히 진행하게 된다.

그 일련의 노력으로 차례대로 등장한 것이 부동산투자신탁(은행),

자산유동화증권(ABS, Asset Backed Securities), 주택저당채권유동화
증권(MBS, Mortgage Backed Securities) 등이다.

이러한 '투자' 상품들의 공통점은 "개인들로부터 소액을 투자받아
부동산 또는 부동산 관련 산업, 기업에 투자한다"는 점이다. 그런데
이러한 투자상품들은 본질적으로 채권의 형태를 띠고 있어 궁극적으
로 개인이 부동산을 직접 소유할 때 누릴 수 있는 경제적 이익, 즉 임
대수입, 매매에 따른 시세차익, 인플레이션이 일어날 때의 헤지
(Hedge) 등을 누릴 수 없는 불완전한 간접투자상품이었다. 그리고
ABS의 출자증권은 주식형이지만 현실적으로 개인이 투자할 수 있는
기회가 거의 없다. 따라서 정부는 완전한 간접투자상품인 리츠 도입
을 추진하게 되었다.

그 과정을 시간 순으로 보자. 먼저 은행에 대하여 금전신탁으로서
부동산 관련 자산에 투사하는 상품인 '부동산투자신탁'을 허용했
다. 1998년 9월에는 '자산유동화에 관한 법률'이 국회를 통과하여
ABS의 발행근거가 마련되었다. 뒤이어 MBS도 시행되었다.

IMF 이전에도 리츠를 도입하자는 일부 전문가들의 의견이 있었다.
하지만 그때는 부동산가격이 상승하던 시기여서 큰 관심을 끌지 못
했다. 그러나 IMF 이후 정부의 구조조정 추진을 위한 지원방안으로
적극 검토되기 시작하였다.

리츠는 금융과 부동산이 결합된 형태이다. 불특정 다수의 국민을
투자자로 하는 점과 주식이라는 매개체가 있다는 점에서는 재정경제
부의 소관이 된다. 반면 투자된 금전의 운용과정이 부동산의 관리,
처분과 개발 등의 영역이라는 점에서는 건설교통부 소관이다. 그 중

어느 쪽으로 하느냐에 대한 논란 끝에 결국 건설교통부에서 법안 제정을 추진하게 되었다.

건설교통부는 2000년 5월 29일 공청회를 개최하여 리츠법 시행에 대한 여론을 수렴하고, 2000년 7월 25일 리츠법인 부동산투자회사법 입법예고를 거쳐 2001년 4월 7일 부동산투자회사법을 법률 제6471호로 제정 공포하게 되었다.

부동산투자회사법은 시행되기도 전에 한 번 개정되는 우여곡절을 겪었다. 재정경제부에서 추진하는 기업구조조정을 위한 투자도관체

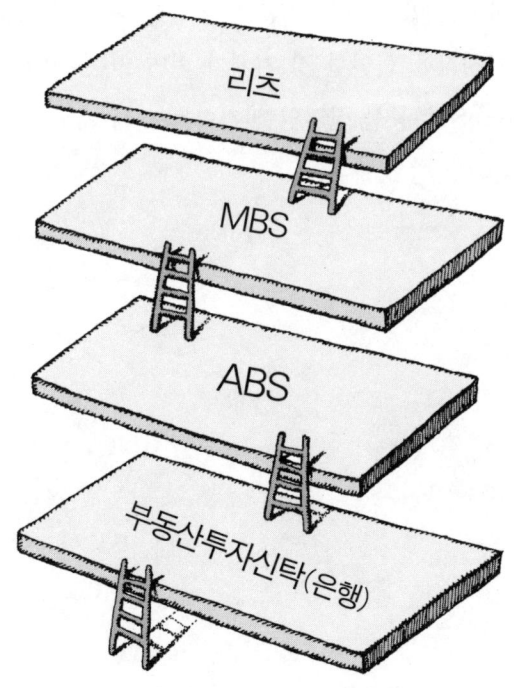

부동산투자신탁, ABS, MBS에 이어 리츠가 도입되었다.

(CRV, Corporation Restructuring Vehicle)가 투자대상 부동산만 기업구조조정을 위한 것에 한정될 뿐 리츠와 동일한 구조라고 판단되어 리츠법에 통합된 것이다. 기업구조조정 부동산투자회사(CR-REITs, Corporation Restructuring REITs)제도는 이렇게 하여 리츠법 개정(2001년 5월 24일, 법률 제6483호)으로 리츠법의 한 장으로 통합, 시행되었다.

리츠법은 서둘러 제정된 측면이 있어 시행과정을 통해 제도적 보완이 필요할 것으로 예상된다. 모든 제도가 그 현실 적용과정에서 보완과정을 거치게 되지만, 특히 리츠법과 같이 부동산 관련 산업의 환경을 크게 바꾸는 법은 더욱 그렇다. 법률상 다소 미비한 점이 있다 하더라도 그 시작을 선언한 것 자체가 의미 있는 일이므로, 시장의 모든 참여자들은 부동산 산업의 선진화를 위해 애정을 가지고 개선해 나가도록 해야 할 것이다.

리츠의 시장규모는 얼마나 될까

• 총 자본시장의 5~8%를 차지하게 될 것이다 •

리츠의 시장규모는 얼마나 될까? 전체적으로는 개인과 기업의 여유자금 규모와 투자자금의 흐름에 관련이 있다. 또 시중 부동자금이 주식시장의 투자자금으로 흡수되는 규모와도 관련이 있다. 구체적으로는 일반 투자자금과 기존의 부동산 투자자금이 리츠 주식이 있는 자본시장으로 얼마나 들어올 수 있는지가 관건이다.

우리나라 리츠 시장의 규모는 5조 원에서 30조 원으로 추정된다. 시장규모와 관련하여 여러 전문기관의 전망이 나와 있는데, 리츠 시장의 규모는 자본시장에서의 점유율을 기준으로 5% 정도로 예상된다. 이는 리츠 시행 3~5년 후를 기준 시점으로 한 것으로 미국, 호주 등 이미 리츠를 시행한 선진국들에서 리츠가 자본시장에서 점유하는 비율을 근거로 한 수치이다. 미국은 1.5%, 호주는 5% 정도를 점유하고 있는데 우리나라는 부동산시장의 규모가 상대적으로 크다는 것이 감안되었다.

구체적으로 살펴보면 다음과 같다. 삼성경제연구소(2000년 5월 8일 발표)는 2005~2006년에 비관적으로는 5조 원, 낙관적으로는 30조 원 정도의 시장규모를 예측하고 있다. 부동산분석학회(2000년 5월 29일 발표)는 주식시장(약 350조 원) 중 7% 수준인 25~26조 원으로 예상하고 있다. 건설산업연구원(2000년 7월 3일 발표)은 리츠의 금융상품대체율에 따라 각각 8조 원(1% 대체할 경우)에서 45조 원(5% 대체할 경우) 사이로 시장규모를 예측하고 있다. 리츠의 시장규모는 근본적으로 리츠가 제시하는 수익률과 여타 투자상품의 수익률을 결정하는 제반 경제변수에 따라 좌우된다.

리츠는 임대료 수입을 근거로 투자자에게 배당수익률을 제시하는

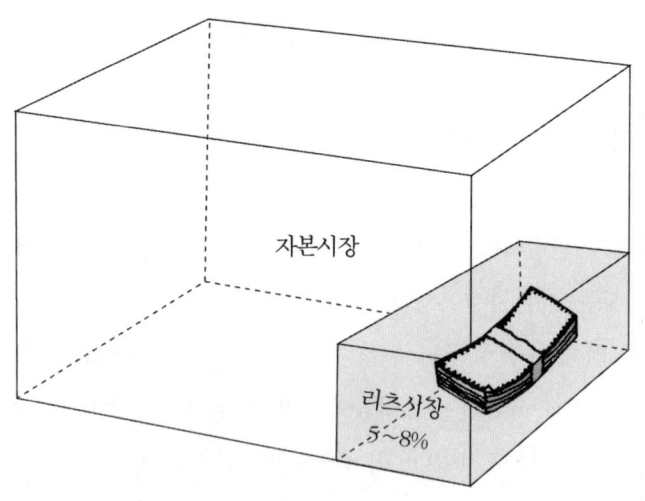

리츠의 시장규모는 초기에 자본시장의 5~8%를 차지할 것으로 예상된다.

데, 부동산 임대료 수입은 산업 전반의 경기로부터 영향을 받는다. 한편 리츠의 경쟁 금융상품 역시 산업경기와 특히 금리의 영향을 민감하게 받는다. 그리고 일반 주식시장의 활황 여부도 리츠 시장의 규모와 밀접한 관련이 있다. 리츠의 시장규모는 근원적으로 산업경기와 밀접한 관련이 있다.

더욱 중요한 것은 리츠에 주어지는 세금혜택이다. 리츠의 부동산 취득처분과정에서의 세제혜택 및 리츠 자체에 대한 법인세 면제 등의 세금혜택은 리츠의 수익률에 결정적인 영향을 미친다. 이것은 리츠의 경쟁력과 리츠가 투자할 수 있는 부동산의 범위 자체를 결정하는 중요한 변수이다.

리츠는 이러한 경제환경, 여타 금융상품의 동향, 제도적 환경 등에 따라 그 시장규모가 결정될 것이다. 또한 리츠를 시장에서 만들고 운영하는 시장참여자들의 능력과 도덕적 수준 역시 리츠 시장의 규모를 결정하는 중요한 변수이다. 결국 리츠의 시장규모는 산업경기의 흐름과 함께 시장참여자 모두가 스스로 결정하는 것이라고 볼 수 있다.

우리나라 리츠 설립의 특징은 무엇일까

• 우리나라에서 리츠를 설립하려면 자본금이 500억 원 이상이어야 하고
정부의 인가를 얻어야 한다. 구조조정 리츠가 있는 것이 특징이다 •

우리나라의 리츠는 인위적으로 리츠 시장을 개설한 것이 특징이
다. 미국에서는 일반 주식회사가 세법상 리츠의 요건을 갖추면 세제
혜택을 부여하고 있다. 따라서 별도의 리츠법이 없다. 이에 비해 우
리나라는 리츠라는 주식회사만을 별도로 규제하는 '부동산투자회사
법'을 만든 것이 특징이다.

우리나라의 리츠는 자본금 500억 원 이상이어야 설립이 가능하다.
그리고 주식회사 설립시에는 건설교통부장관의 인가를 필요로 하며,
부동산 현물출자에 의한 설립은 금지되어 있다. 또 설립시 일반공모
방식으로 자본금의 30% 이상을 조달해야 한다.

리츠 회사는 상근 임직원 중 자산운용 전문인력을 3인 이상 보유해
야 하며, 1인당 주식소유한도와 의결권은 10%로 제한한다. 그리고

주식상장 또는 등록요건을 갖추었을 때는 의무적으로 상장 또는 등록을 해야 한다.

리츠가 자산을 운용할 때는 부동산, 부동산 관련유가증권 및 현금을 자산의 90% 이상으로 구성해야 한다. 그리고 그 중 부동산은 70% 이상으로 유지해야 한다. 부동산은 일부 예외를 제외하고는 취득 후 일정기간 이내에는 처분할 수 없다. 그러나 나대지는 일부 예외를 제외하고는 개발한 후 처분할 수 있다.

특히 부동산 개발사업은 자산의 30% 이내에서 상장 후 개발사업 인가를 받고 나서야 할 수 있다.

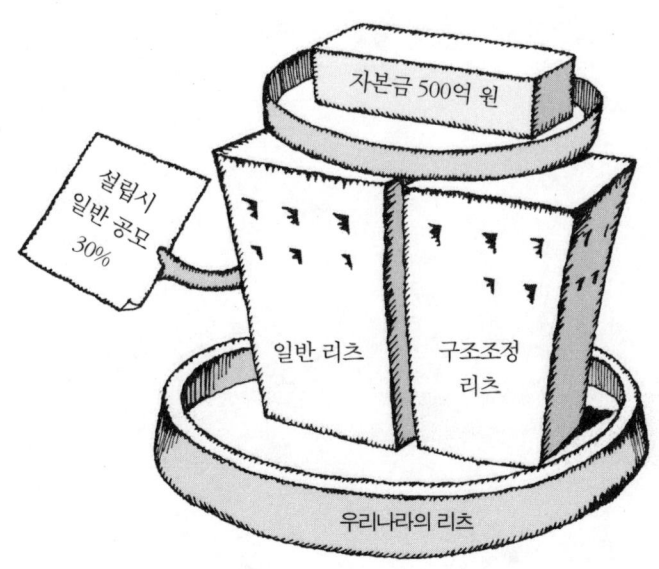

우리나라의 리츠

우리나라의 리츠는 자본금이 500억 원 이상 있어야 설립 가능하며 구조조정 리츠가 있다는 것이 특징이다. 설립시 일반공모 방식으로 자본금의 30% 이상을 조달해야 한다.

금융차입은 운영자금 등 일시적인 경우 외에는 원칙적으로 할 수 없으며, 연간 배당가능이익의 90% 이상을 현금으로 배당해야 하는 것도 특징이다.

리츠와 관련된 회사에는 자산보관회사와 부동산투자자문회사가 있다. 리츠가 가진 자산은 별도의 공신력 있는 신탁회사 등 제3의 기관에 보관해야 한다.

리츠의 자산운용 등에 대한 자문과 일반인에 대한 리츠 투자 자문을 위한 부동산투자자문회사는 부동산투자회사법에 따라 자본금 10억 이상, 자산운용 전문인력 3인 이상을 갖추어 건설교통부장관에게 등록해야 한다.

구조조정 리츠의 장점은 무엇일까

• 구조조정 리츠는 일반 리츠보다 세제혜택이 높고 자산운용이 자유롭다 •

구조조정 리츠는 구조조정 대상기업의 부동산만을 투자대상으로 할 수 있도록 투자대상을 제한하고 있다. 구조조정 리츠는 상근 임직원을 두지 않는 명목회사(Paper Company)이므로 별도의 자산관리회사가 필요하며, 설립시 일반주식공모로 자산의 30%를 충당하지 않아도 되고 부동산 현물출자도 가능하다. 1인당 주식보유한도, 의결권 행사 제한이 적용되지 않으며 부동산 취득 후 일정기간 이내 처분 제한도 적용되지 않는다. 나대지도 개발하지 않고 처분할 수 있다. 이외에도 자산구성비율을 부동산, 부동산 관련 유가증권 및 현금을 90% 이상, 그 중 부동산을 70% 이상으로 유지해야 하는 의무도 없다. 90% 이상 배당의무규정도 적용되지 않는다.

구조조정 리츠는 일반 리츠보다 세제혜택이 우월하다. 또 설립 정관에 존속기한을 명시하여 기한부 리츠로 운용된다. 기한부 리츠는

정관에 정한 기한이 경과한 후에는 펀드의 모든 자산을 매각하고 청
산하여 그 수익을 투자자에게 교부하므로, 주가가 자산가치를 대부
분 반영하는 형태로 나타난다. 일반 리츠와 구조조정 리츠의 차이를
살펴보면 다음과 같다.

첫째, 일반 리츠는 부동산에 자산의 70% 이상을 투자하고, 구조조
정 리츠는 기업의 구조조정용 부동산에 자산의 70% 이상을 투자한
다. 그런데 구조조정용 부동산에는 기업이 채무를 상환하기 위해 매
각하는 부동산까지 포함되므로 사실상 투자대상 부동산에 큰 차이가
없다.

둘째, 일반 리츠는 임직원을 포함한 조직을 갖춘 실체 회사인데 반
해, 구조조정 리츠는 상근 임직원을 가지지 않는 명목상의 회사로서
자산의 투자 · 관리업무를 자산관리회사에 전부 위탁하게 된다.

리츠 상식

페이퍼 컴퍼니의 의미

페이퍼 컴퍼니(Paper Company)는 투자결과가 투자자에게 전달(pass-
through)되는 도관체(Conduct) 역할 때문에 도입된다. 도관체는 말 그대로 물이
흐르는 통로처럼, 어떠한 자산을 보유하는 것이 목적이 아니라 통과시키는 수단에
불과하다. 따라서 페이퍼 컴퍼니에는 법인세를 부과하지 않고 그 도관체를 통해
이익을 얻는 투자자에게만 과세를 하는 것이 일반적이다. 페이퍼 컴퍼니와 관련하
여 이미 우리나라 법인세법은 자산유동화에 관한 법률에 의한 유동화전문회사, 증
권투자회사법에 의한 증권투자회사, 기업구조조정투자회사법에 의한 기업구조조
정투자회사의 경우 법인세를 면제하고 있다.

셋째, 일반 리츠는 법인세가 면제되지 않고 당해년도 이익의 50%까지 손실로 처리되며, 법인세과세 이연효과가 있는 투자손실준비금 적립제도가 인정된다. 취득세와 등록세가 50% 감면되고 종합토지세 분리과세의 혜택이 주어진다. 반면 구조조정 리츠는 페이퍼 컴퍼니이므로 취득세, 등록세 및 법인세가 모두 면제된다(특별 부가세는 50% 감면). 그러므로 수익률 면에서 구조조정 리츠에 대한 투자가 유리할 수밖에 없다.

넷째, 일반 리츠는 설립시 현물출자가 금지되고 설립 이후에도 상장이 된 후에야 가능하다. 이에 반해 구조조정 리츠는 설립시에도 현물출자가 가능할 뿐만 아니라 상장 전에도 현물출자가 가능하다. 다만 현물출자는 자본금의 30%를 초과할 수 없다. 두 회사 모두 현물출자는 부동산만 가능하다.

다섯째, 일반 리츠는 설립시 자본금의 30%를 일반인에게 공모하여 자금을 모아야 하지만, 구조조정 리츠는 일반공모의 의무가 없다.

여섯째, 일반 리츠는 원칙적으로 1인이 리츠 주식의 10% 이상을 소유할 수 없고 예외적으로 초과하여 보유하는 자도 의결권을 10% 내에서만 행사할 수 있다. 그러나 구조조정 리츠는 이러한 제한이 없다. 또 연기금, 증권회사 등 기관이 주요 투자자가 될 것으로 예상돼 일반인들에 대한 공모를 통한 자금모집은 극히 드물 것으로 추정된다.

일곱째, 일반 리츠는 부동산 취득 후 일정기간 내에는 처분할 수 없고 나대지도 개발하지 않고서는 처분하지 못하는 것이 원칙이다. 그러나 구조조정 리츠는 이런 제한이 없다.

여덟째, 일반 리츠는 자산구성비율을 부동산, 부동산 관련 유가증권 및 현금을 90% 이상으로 해야 한다. 그리고 그 중 부동산을 70% 이상으로 유지해야 하는 의무가 있다. 그러나 구조조정 리츠는 총 자산의 70% 이상을 구조조정용 부동산으로 유지해야 하는 의무만 있다.

아홉째, 일반 리츠는 배당가능이익의 90% 이상을 의무적으로 배당해야 하는데 구조조정 리츠는 그렇지 않다.

마지막으로, 일반 리츠는 존속기한이 없는 영구회사인데 반해 구조조정 리츠는 설립 정관에 존속기한을 명시하여 기한부 리츠로 운용된다. 기한부 리츠는 정관에 정한 기한이 지나면 펀드의 모든 자산을 매각하고 청산하여 그 수익을 투자자에게 배당한다.

구조조정 리츠의 특징

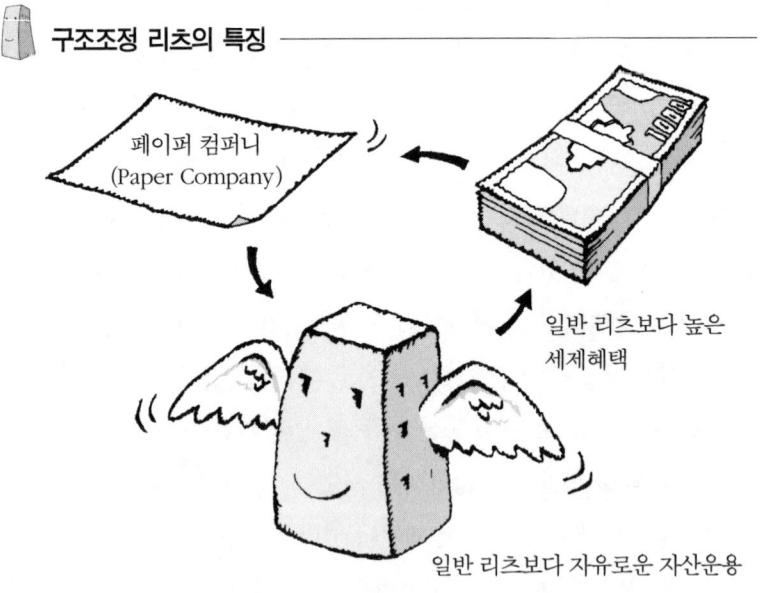

페이퍼 컴퍼니
(Paper Company)

일반 리츠보다 높은
세제혜택

일반 리츠보다 자유로운 자산운용

미국에서는 리츠가 어떻게 운영되고 있을까

• 1986년 세법 개정 후 비교적 고수익을 올리고 있으며 세금
혜택 등으로 매력적인 투자상품으로 자리잡고 있다 •

미국에서 리츠 제도가 시행된 것은 일반 기업의 주식공개와 마찬
가지로 부동산을 보유한 자들이 누리는 부동산 운영수익 및 자산가
치 상승 이익을 일반인들도 누릴 수 있도록 하자는 것이 목적이었다.
즉 부동산을 가진 자들이 자신의 부동산을 주식공개 형식으로 일반
인에게 전부 또는 일부 매각하도록 하기 위해 세제혜택을 부여한 것
이다.

미국은 사업주가 장기 프로젝트금융(Project Financing)으로 부동산
을 개발한 후 부동산을 잘 운용하여 그 이익을 부채 상환, 자기자본
회수 및 일부 이익유보 등으로 배분하여 운영하면서 그 수익률이 시
장이 납득할 수 있는 수준으로 검증되면, 최종적으로 리츠로 전환하
여 금융부채와 자기자본을 회수하는 과정을 밟는다. 물론 전환할 때

지분분산 및 세법요건을 충족해야 한다.

미국 리츠는 투자기회의 균등이라는 이념을 위해 일반인에게 공개한 부동산자산의 운용수익에 대해서 법인세 면제의 혜택을 주는 부동산 투자수단이라고 정의할 수 있다.

우리나라 일반 리츠는 투자기회의 균등이라는 이념에는 부합(30% 일반공모 의무)하지만 법인세 면제 혜택이 없다. 또 우리나라 구조조정 리츠는 법인세는 면제되지만 투자기회의 균등이 법적으로 보장되지 않는다(30% 일반공모 의무 없음). 그밖에도 우리나라 일반 리츠 및 구조조정 리츠는 부동산 개발사업의 제한 등 많은 규제와 감독이 있다.

우리나라와 미국의 근본적인 차이는 무엇일까? 시장에서 자연발

리츠 상식

미국 리츠의 역사

1998년 리츠 규모 시가 약 1600억 달러

220여 개의 상장 리츠와 150여 개의 비상장 리츠가 출현함.

고수익 행진

상장된 리츠 주식(이퀴티형의 경우)은 1986년 이후 1987년과 1990년을 제외하고는 플러스 수익률을 기록함. 특히 1996년 35.3%의 고수익을 기록함. 12년간 평균 14%의 수익률을 보임.

1998년 이후 리츠의 확장경쟁

이로 인해 부동산가격이 상승하였음(리츠는 현금지급 없이 주식교부로 부동산 매입 가능). 그 여파로 1998년 이후 일부 리츠의 주당 수익률이 급락하여 전반적인 리츠의 주가하락이 나타났음.

생적으로 형성된 부동산투자 관행에 정부가 세금혜택을 주는 방식인가, 인위적으로 특별법을 통해 제도를 만들어내는가의 차이라고 볼수 있다.

 미국 리츠 시장규모

300여 개의 리츠가 있으며, 이중 상장·등록된 리츠는 2000년 2월말 현재 201개이고 시장규모는 1206억 달러이다.

· 리츠투자자

구분	비중(%)
개인	49
뮤추얼펀드	37
은행신탁	7
보험회사	4
연금	3
합계	100

· 리츠의 부동산투자

구분	비중(%)
소매판매시설	24.9
오피스/산업	18.9
주거용	13.9
모기지	11.9
숙박/리조트	7.5
의료시설	6.5
분산투자/기타	16.4
합계	100

미국 리츠 상장회사 수와 시장가치 추이

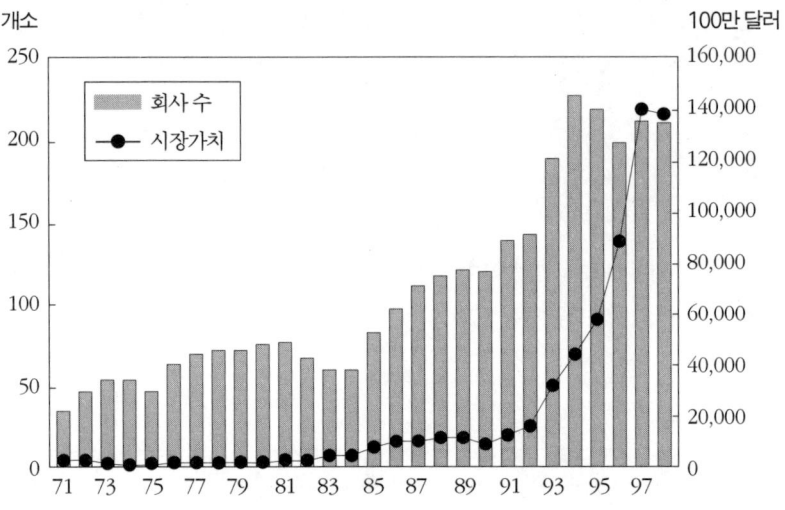

* 자료 : NAREIT(1999), Statistical Digest – A Resource for the REIT Industry

　우리나라와 미국의 리츠는 부동산투자라는 점은 동일하지만 근본
적으로 시장에 대한 신뢰와 불신, 심판으로서의 정부와 감독으로서의
정부, 실용성을 중시하는 영미법과 논리를 강조하는 대륙법의 법체계
차이 등 문화적 사회, 환경적인 차이가 엄연히 존재한다.

9

우리나라의 부동산간접투자상품에는 어떤 것이 있을까

• 금전신탁인 부동산투자신탁, 자산유동화증권(ABS),
주택저당채권유동화증권(MBS)과 리츠가 있다 •

부동산 간접투자는 부동산을 투자자가 직접 매입, 관리 운용, 처분하여 수익을 취하는 것이 아니라, 이러한 투자를 전문으로 하는 개인 또는 회사에게 자금을 맡겨 그 운용결과를 수익으로 취하는 형태를 말한다. 부동산간접투자상품은 이러한 간접투자방식을 제도화한 것을 말하는 것으로 투자자금을 맡기는 형태에 따라 크게 회사형과 신탁형으로 구별할 수 있다.

회사형은 리츠와 같이 부동산투자를 전문으로 하는 회사의 주식을 매입하는 형태로 자금을 투자하는 것이고, 신탁형은 부동산투자를 전문으로 하는 기관(신탁회사 등)이 발행하는 수익증권을 사는 방식이다.

우리나라에서 가장 먼저 등장한 간접투자상품은 은행에서 발매한 소위 '부동산투자신탁'이라고 불리는 금전신탁상품이다. 이것은 신탁업을 하는 은행이 투자자들로부터 금전을 신탁받아 이 신탁자금을 부동산 관련 자산에 투자하는 형태(부동산투자펀드)이다.

1998년 4월 1일 신탁업법 시행령 제11조를 개정하여 금전신탁자금을 부동산의 매입 및 개발 등에도 운용할 수 있도록 허용함에 따라 시작되었고, 국민은행이 2000년 7월 24일 최초로 아파트사업에 대출하는 부동산투자신탁상품을 판매하였다.

두번째는 자산유동화증권(ABS, Asset Backed Securities)인데, 자산유동화증권은 1998년 9월 16일 제정된 자산유동화에 관한 법률에 근거해서 발행되는 증권을 통칭한다. 이 증권은 부동산뿐만 아니라 현금흐름이 있는 모든 자산(자동차할부채권, 신용카드할부채권 등)을 근거로 하여 발행될 수 있으므로, ABS는 그 대상 자산에 따라 부동산 간접투자상품이 되기도 하고 아니기도 하다. 지금까지 아파트분양대금채권 등을 기초자산으로 하여 발행된 사례가 있으나 그렇게 많지는 않다.

세번째는 주택저당채권유동화증권, 소위 MBS(Mortgage Backed Securities)로, 1999년 1월 29일 제정된 주택저당채권유동화회사법에 따라 주택저당채권유동화 중개회사가 발행하는 증권이다. MBS는 주택을 담보로 대출해준 은행 등 금융기관의 대출채권을 근거로 주택저당채권유동화중개회사가 발행한다. 주택담보대출채권을 각 채권별로 짧게는 5년에서 최장 30년까지 원리금을 납부하는 현금흐름이 있는데, 이것을 담보로 채권을 발행하고 투자자는 이 채권을 매입하는 방식으로 투자하는 것이다.

부동산간접투자상품 현황표

구분	일반 리츠 (리츠)	구조조정 리츠 (CR-리츠)	신탁형 부동산 투자신탁	자산유동화증권 (ABS)	주택저당증권 (MBS)
근거법	부동산투자회사법	좌동	신탁업법	자산유동화에 관한 법률	주택저당채권 유동화회사법
설립인가	건교부 인가	좌동	금감위 인가	금감위 등록	금감위 인가
회사 형태	실체회사	명목회사	회사 없음	-	-
최저 자본금	500억 원	좌동	해당없음	-	-
투자대상	부동산 자산	구조조정부동산	부동산 자산	-	-
투자증권	주식	좌동	수익증권	ABS	MBS
상장	의무화	좌동	임의	불가	좌동
배당	90% 이상	임의	좌동	표시이자	좌동
존속기간	무기한	정관에 정함	약관에 정함	채권만기	좌동
업무위탁	자체, 위탁	일괄위탁	모집회사	일괄위탁	판매기관

마지막으로 리츠가 있다. 부동산투자회사의 형태로 도입된 리츠는 주식매입의 방식을 취하는 회사형의 간접투자상품으로 2001년 7월 1일부터 시행되었다. 당초 재정경제부가 기업구조조정투자회사법을 개정하여 도입하려 했던 '부동산뮤추얼펀드(신탁형)'는 부동산투자회사와의 업무 중복 등을 사유로 2001년 4월 26일 부동산투자회사법 개정을 통해 기업구조조정 부동산투자회사(구조조정 리츠, CR-REITs)로 통합되었다.

부동산간접투자상품

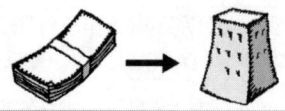

은행이 투자자로부터 금전을 신탁
받아 부동산에 투자하는 형태. 보
통 아파트 사업에 대출하는 상품
판매

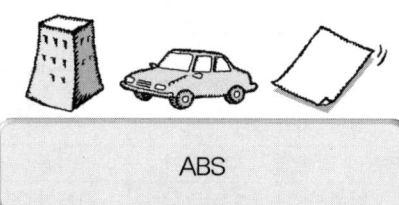

자산유동화증권. 현금흐름이 있는
모든 자산을 근거로 발행

주택저당채권유동화증권, 주택담
보 은행대출 채권을 근거로 발행

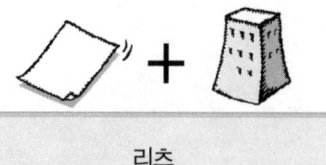

주식매입 방식을 취하는 회사형
의 부동산간접투자상품

부동산투자신탁과 리츠는 어떤 차이가 있을까

• 부동산투자신탁은 금전을 신탁하고 수익증권을 받는 것이고
리츠는 금전을 출자하고 주식을 받는 것이다 •

    부동산투자신탁은 신탁법과 신탁업법을 근거로 은행이 판매하는 금전신탁상품의 하나이다. 이것은 지난 1998년 4월 개정된 신탁업법이 부동산에 대한 투자를 허용하여 가능하게 되었는데, 준비와 금융 시장 여건의 미성숙으로 2000년 7월에야 비로소 국민은행이 '빅맨 부동산투자신탁 1호'를 발매하여 본격화되었다. 빅맨 부동산투자신 탁은 130억 원의 자금을 발매 5분만에 모집하는 대히트를 기록하여 그후 시중 은행들의 부동산투자신탁상품 개발붐을 일으키는 계기가 되었다.

    부동산투자신탁은 금전을 신탁하고 수익증권을 받는 것이고, 리츠 는 금전을 출자하고 주식을 받는 것이다. 두 상품 다 원칙적으로 부 동산 및 부동산 관련 자산에 투자한다는 점에서 투자대상이 같다고

할 수 있다.

원래 영국과 미국 법계에서는 신탁재산도 그 자체가 독자적인 거래의 주체가 된다. 영국과 미국에서는 리츠 특히 지분형 리츠의 경우에도 신탁형이 가능하다. 미국 리츠협회(NAREIT)에서는 리츠를 "다수 투자자들의 자본으로 여러 종류의 부동산을 취득하거나 금융을 제공하기 위해 결합한 회사(Corporation)나 영업신탁(Business Trust)"이라고 정의했다.

우리나라의 경우에는 은행이 직접 부동산을 취득하여 관리·운용 수익을 창출하기는 어렵다. 부동산을 직접 관리·운용한 경험이 없기 때문이다.

그래서 은행은 부동산투자신탁으로 모은 금전을 주로 대출에 투자한다. 국민은행 빅맨 부동산투자신탁 1호는 문정동 대우아파트 재개발사업에 대출 방식으로 투자하였고, 지금까지 판매한 대부분의 부동산투자신탁상품들도 이러한 방식의 투자였다.

본래 부동산투자수익은 임대수익과 시세차익의 두 종류로 구성된다. 그러므로 돈을 빌려주고 그 이자수입을 취하는 것만이 진정한 의미의 부동산투자라고는 하기는 어렵다.

리츠는 돈을 맡기고 주식을 받는다. 회사는 그 돈으로 직접 부동산을 매입해서 임대수익과 처분이익을 얻는다. 회사 이름으로 부동산을 취득하는 것이다. 결국 주주가 취득하는 것과 다를 바 없다.

이것이 부동산투자신탁과 리츠의 본질적인 차이다. 이 외에도 수익증권과 주식이라는 유동성의 차이도 있다. 그러나 본질적인 것은 펀드 자체에 법인격이 있는가 여부이며, 이 차이로부터 실물 부동산에 직접 투자할 수 있는가의 문제가 파생된다.

 부동산투자신탁 ────────────────────

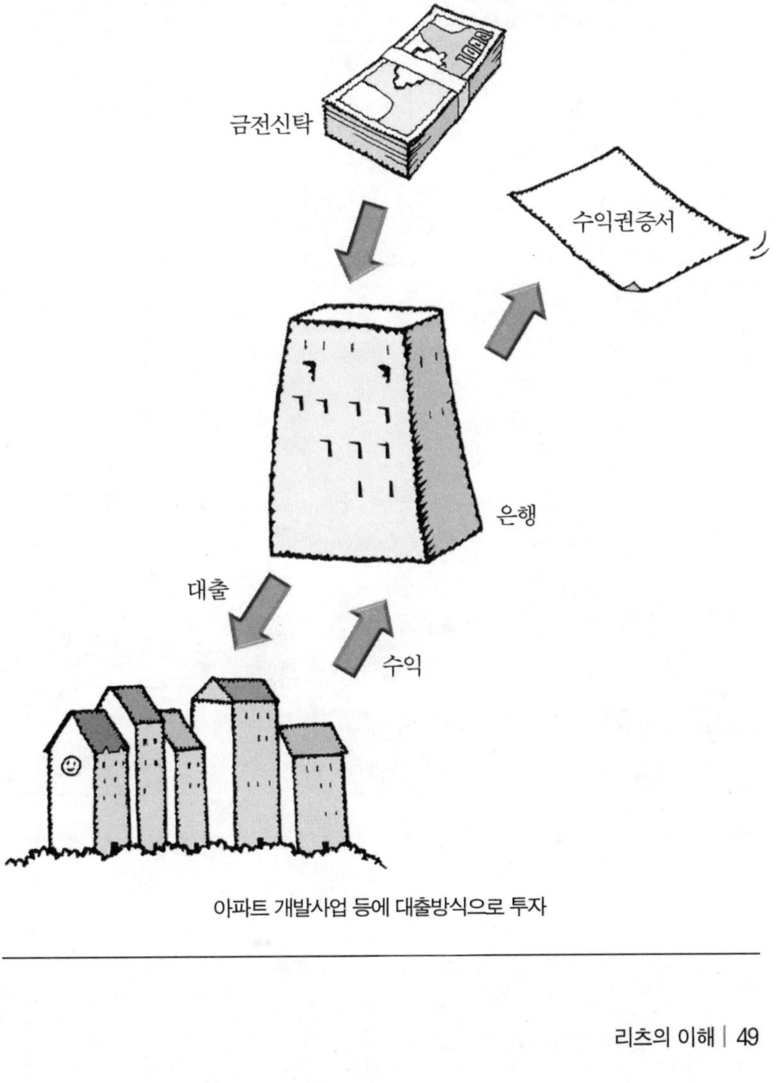

금전신탁

수익권증서

은행

대출

수익

아파트 개발사업 등에 대출방식으로 투자

리츠 구조도 ─────────────────────────

• 일반 리츠

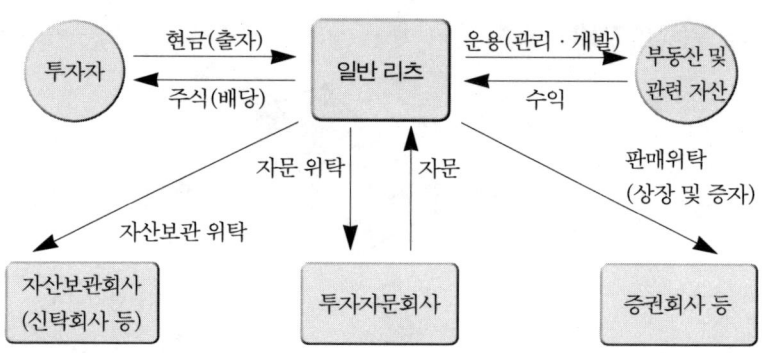

• 구조조정 리츠

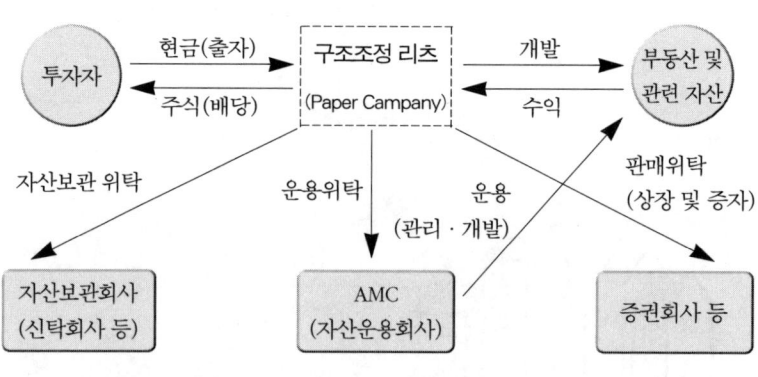

부동산신탁과 리츠는 어떻게 다를까

• 부동산신탁은 부동산 소유자를 위한 것이고
리츠는 금전 소유자를 위한 것이다 •

　부동산신탁은 신탁법, 신탁업법에 근거하여 부동산 자체를 맡기는 것으로 금전을 맡기는 부동산투자신탁과는 신탁 대상이 다르다. 즉 부동산신탁은 '부동산'을 '신탁'하는 것이고, 부동산투자신탁은 '부동산'에 '투자'하는 신탁이다.

　부동산신탁은 부동산을 신탁받아 관리, 처분, 담보제공, 개발하여 수익을 낸다. 그리고 이 수익을 원래의 소유자에게 돌려주고, 부동산투자신탁은 금전을 신탁받아 부동산에 투자해서 그 수익을 돌려준다. 그런데 은행은 관련 제도 등이 미비하여 직접 부동산을 매입하여 운용수익을 돌려주기는 곤란하다. 그래서 주로 부동산 관련 대출을 하고 그 이자를 수취하는 방식으로 운용한다.

　반면 리츠는 금전을 출자하여 부동산에 투자하는 것이다. 리츠는

금전을 출자하여 회사를 만들고, 그 회사가 출자한 주주들 대신 부동
산에 투자한다. 금전을 출자한다는 점에서는 부동산투자신탁과 같고
부동산을 직접 매입, 관리, 처분한다는 점에서는 부동산신탁과 유사
하다. 리츠는 다수로부터 소액의 금전을 모아 그 돈을 부동산에 투자
하는 것이므로 잘못되면 돈을 맡긴 사람들 다수가 피해를 입게 된다.
부동산신탁은 소수의 부동산 소유자로부터 부동산을 신탁받으므로
잘못되면 소수의 부동산 소유자가 피해를 입는다. 다만 부동산신탁
이 그 부동산을 관리, 운용하는 과정에서 다수의 부동산투자자가 있
을 경우 그 사람들이 피해를 입을 수 있다. 그렇지만 그것은 신탁 자
체에서 발생하는 피해가 아니라 일반적인 부동산 직접투자의 위험일
뿐이다.

리츠는 금전 소유자를 위해 만든 제도이고, 부동산신탁은 부동산
소유자를 위해 만든 제도이다. 부동산신탁은 부동산 소유자를 대신
하여 부동산을 개발, 관리, 처분하는 제도이고, 개발자금이 없거나
부동산에 대한 경험과 전문지식이 없는 사람을 위한 제도이므로 공
공성이 강하다. 그래서 한국자산관리공사, 한국토지공사, 한국감정
원 등 부동산 관련 공기업이 출자자인 경우가 대부분이다.

투자자의 입장에서 보면 현금을 가지고 부동산에 투자하고 싶다면
리츠에 투자하면 되고, 갖고 있는 부동산의 활용을 극대화하려면 부
동산신탁제도를 이용하면 된다. 국내에서 부동산신탁업을 수행하고
있는 부동산신탁회사는 한국토지신탁, 주은부동산신탁, 생보부동산
신탁, 대한토지신탁, 한국부동산신탁, 코레트신탁, 국민자산신탁 등
총 7개이다. 이중 선발 회사인 한국부동산신탁과 코레트신탁은 IMF

때 고금리 등의 경제상황 변화를 극복하지 못하고 부실화되어 현재 기업개선작업(Work-out)중이다.

부동산신탁회사는 생명보험협회가 출자한 생보부동산신탁과 주택은행이 출자한 주은부동산신탁을 제외하고는 모두 주요 출자자가 정부 관련 기관이거나 공공 성격을 가진 기관들이다. 이는 부동산의 공공재적 성격을 감안한 정책당국의 방침 때문인 것으로 판단된다.

 부동산신탁

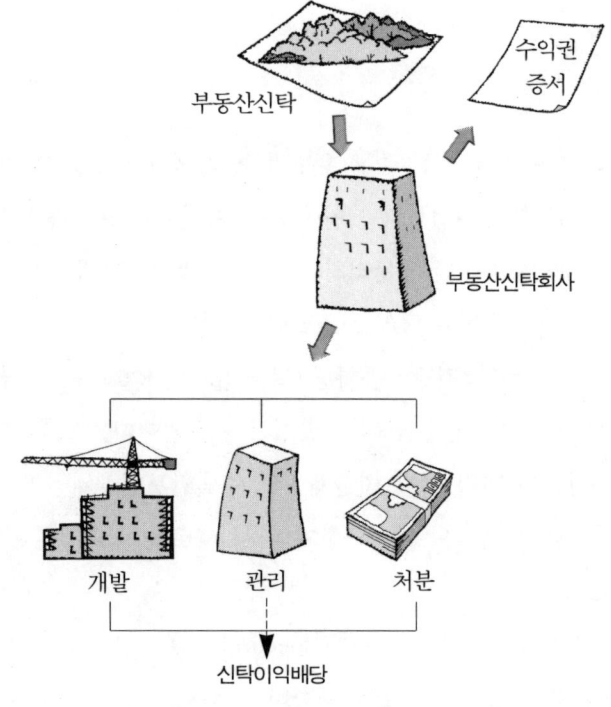

ABS, MBS와 리츠는 어떻게 다를까

• ABS, MBS는 자산을 근거로 발행하는 담보부증권이고 리츠는
부동산의 자산가치가 주가에 반영되는 자본증권이다 •

ABS는 기업보유 자산 중 신용도가 높은 자산을 근거로 발행하는 담보부 증권이다. 기업보다 기업이 가진 자산의 신용도가 높을 때 그 신용도가 높은 자산만을 분리하여 증권을 발행하는데, 기업이 직접 돈을 빌릴 때보다 낮은 금리로 조달할 수 있다.

MBS는 한국주택저당유동화중개회사(KOMOCO)가 각 금융기관의 주택담보대출채권을 근거로 발행하는 증권이다. 그리고 각 금융기관은 필요에 따라 장기 대출채권인 주택담보대출채권의 미래 현금흐름을 단기 현금으로 교환하여 다시 새로운 대출재원으로 사용할 수 있다.

ABS, MBS의 'S'는 유가증권(Securities)을 의미한다. 그러므로 ABS와 MBS는 통상 채권을 발행한다. 따라서 일반 회사채와 기본적

으로 성격이 동일하다. 회사채는 기업이 돈을 빌리고 그 이자를 돈을 빌려준 채권자에게 지불하는 것이다. 이때 채권자 즉 투자자는 정해진 이자수입을 얻고 만기에는 원금을 돌려받는다. 리츠는 부동산의 자산가치 상승이 리츠의 주가에 반영되는 자본증권의 성격을 가지고 있다. 이점이 회사채인 ABS, MBS와의 차이이다. 대신 부동산의 자산가치가 하락할 경우에는 리츠의 주가가 내릴 수 있다.

ABS와 MBS는 부동산 관련 자산이 채권의 원리금 상환을 담보하고 있고, 은행 등의 보증기관이 원리금 지불을 보증하는 경우가 많아

자산을 근거로 발행하는
담보부 증권

ABS, MBS는 부동산 관련 자산이 채권의 원리금 상환을
담보하고 금융기관이 원리금 지불을 보증한다

다양한 부동산간접투자상품

	리츠	신탁형 부동산투자신탁	부동산증권(ABS, MBS)
장점	· 높은 배당성향(90%) · 주가차익 실현 가능 · 부동산전문기관이 운용 · 상장으로 환금성 높음	· 배당수익이 안정적 · 수익 약간 증가 가능 · 안정적인 부동산 자산 · 은행이 자금관리	· 확정이자 배당 · 원본손실 가능 희박 · 발행자의 파산과 절연 · 환금성도 높은 편
단점	· 보유자산 및 운용회사 의 자산운용 능력에 따 라 배당수익이 가변적 · 주가하락시 매매차익 손실 발생 위험	· 은행의 부동산 사업관 리 능력 부족 · 프로젝트 부실시 투자 원본 손실 발생 위험 · 환금성이 낮음	· 부동산가격 상승시 추가적인 배당이나 수 익을 기대할 수 없음. · 일반인의 투자기회가 별로 없음
기타	· 구조조정리츠는 최저 배당 제한이 없음	· 현재 운용중인 대출형 상품 전제	· 일반인에게 투자기회 확대 전망

안정적이고 수익률도 높은 편이다. 그런데 이들 증권은 최소 투자단위가 커 일반인들은 거의 투자할 기회가 없다. 주택저당채권유동화중개회사가 MBS 발행 1차 연도인 2000년에 세 차례에 걸쳐 발행한 주택저당증권은 1조 3000여억 원이었고, 모두 기관투자가의 몫으로 돌아갔다.

리츠의 효과와 문제점은 무엇일까

• 리츠는 소액투자가 가능하고 안정적인 투자가 가능하다.
하지만 관리비용이 든다는 단점도 가지고 있다 •

리츠의 매력은 무엇일까? 정부가 리츠를 도입하는 이유에는 여러 가지가 있는데, 이는 크게 근본적인 이유와 파생효과로 나누어 볼 수 있다.

근본적인 이유는 부동산에 대한 소액투자가 가능하도록 하여 부동산 가격 상승의 이익에 서민들의 참여가 가능하게 하고, 구조조정 리츠를 통해 구조조정대상 기업의 부동산을 구입해 줌으로써 기업의 자금난을 해소하고 기업이 본업에 전념할 수 있도록 유도하는 것이다. 리츠 도입을 통한 파생효과는 다음과 같이 정리할 수 있다.

첫째, 리츠를 통한 부동산거래 및 투자정보의 공시가 의무화됨에 따라 부동산시장의 불투명성이 상당히 해소될 것이다.

둘째, 자본시장은 리츠 주식의 공급으로 시장 전체의 규모가 확대

되고 보험, 연기금 등 기관투자가 및 개인투자가들의 투자대상 폭이
넓어지는 효과가 생긴다.

리츠의 장점

- 소액으로 부동산투자가 가능하다.
- 리츠 또는 자산관리회사(AMC)가 단일 종류의 여러 부동산을 집약적으로 관리 · 운용할 수 있어 부동산 관리운용에 있어 '규모의 경제'를 실현할 수 있다.
- 부동산 소유자는 부동산의 51%만 소유해도 부동산 경영권을 확보할 수 있다. 즉 49%의 소유지분은 현금화가 가능하다.
- 법인이 부동산을 보유할 경우 생기는 부동산수익에 대한 이중과세를 피할 수 있다.
- 부동산을 리츠에 현물출자하고 주식으로 교환하므로, 부동산 양도차익에 대하여 부과하는 양도소득세(특별부가세)를 주식매각 시점까지 납부 이연시키는 효과가 있다.
- 현금이 필요한 만큼만 주식매각이 가능하므로 양도소득세의 분할 납부 효과가 있다.
- 리츠 주식의 가격이 하락했을 때 상속하면 상속세 절세의 효과가 있다.
- 일반 기업의 주식보다 수익은 다소 낮지만 매우 안정적(베타계수 0.7 내외)인 부동산자산에 대하여 유동성 있는 투자가 가능하다.

리츠의 단점

- 부동산을 주식화함으로써 금리변동에 따른 위험이 확대된다.
- 까다로운 공시절차 이행 등 리츠 관리에 따른 비용이 발생한다.
- 주식모집 비용이 발생한다.
- 투자자들에게 배당해야 한다는 부담으로 단기 실적 위주의 자산운용을 하게 된다.

리츠의 효과와 문제점

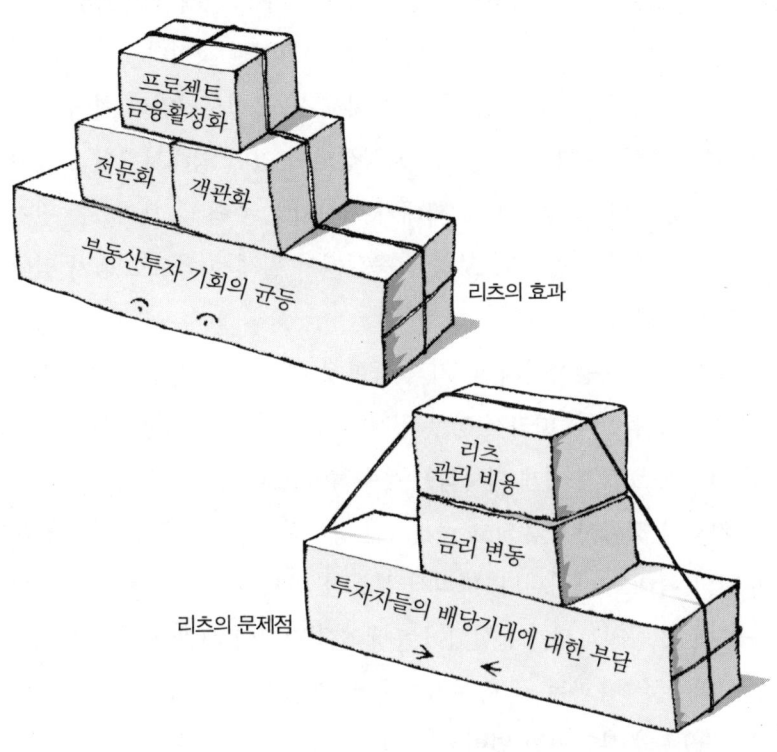

리츠의 효과

리츠의 문제점

셋째, 리츠를 통한 대형 부동산에 대한 투자수요의 확대는 선분양, 금융차입에 의존하던 부동산 개발방식을 변화시켜 리츠의 투자를 전제로 한 프로젝트 금융이 활성화될 것이다.

넷째, 부동산산업의 전문화와 분업화가 심화될 것으로 예상된다. 건설시공회사, 자산관리회사, 투자자문회사, 평가회사 등의 형태로 부동산산업의 전문화와 고도화가 예상된다.

다섯째, 수익성 위주의 부동산평가 및 거래문화가 정착될 것으로 보인다. 불확실한 시세차익 중심의 투자보다는 현재의 확실한 투자 수익을 중심으로 한 투자의사결정 문화가 형성될 것이다.

여섯째, 부동산 임대산업의 확산 및 부동산 전문기업의 확대가 예상된다. 주택, 오피스 중심으로만 형성되어 있던 임대시장이 소매시설, 창고, 병원, 호텔 등으로 확대가 예상되고 주택 및 오피스는 단기 임대에서 중장기 임대로, 보증금 중심에서 월세 중심으로 점차 임대시장이 변화될 것이다.

이 외에도 부동산거래 및 가격 동향에 대한 정보 수집이 쉬워진다는 것도 장점이다. 따라서 정부 입장에서 보면 부동산 정책수립을 위한 기초 자료를 손쉽게 확보하는 부수적인 효과도 기대할 수 있다. 기초 자료가 정확히 산출되고 공개되면 장기적으로는 부동산 관련 조세수입의 확대도 예상된다. 따라서 부동산 과세자료의 노출로 인한 세수증대 및 공정과세가 실현되어 분배의 형평성이 개선될 것이다.

이와 같은 효과는 물론 투자기회의 균등과 그를 위한 세금혜택이라는 리츠의 본질적인 면이 제도적으로 구현될 때 가능하다. 부동산투자회사법이 과연 그러한 효과를 낳을 것인지는 지켜볼 일이다.

리츠로 인해 부동산시장은 어떻게 달라질까

• 대형 부동산의 수요가 늘어나고 합리적인
부동산투자에 대한 인식이 정착된다 •

리츠는 자금력과 투자 전문성을 가진 새로운 부동산 수요자이다. 리츠의 도입으로 그동안 기업이 개별적으로 투자하거나 일부 재력 있는 개인들만 투자했던 대형 부동산에 대한 수요가 늘어날 것으로 예상된다. 대형 부동산은 일반적으로 그 관리 및 운영에 상당한 전문성을 필요로 하며 수요자도 한정되어 있다. 또 매입할 때부터 처분시점과 처분대상을 염두에 둬야 하는 것도 부담이다. 급하게 돈이 필요한 경우에는 상당한 가격할인을 감수해야 한다. 그러므로 자연 의사결정이 어렵다.

리츠는 부동산으로부터 수익이 착실히 발생된다는 보장만 있다면 오히려 대형 부동산이 좋다. 어차피 부동산전문투자회사가 아닌가. 수익이 같다면 500억짜리 두 개보다는 1000억짜리 한 개 부동산이 관리비용이나 관리에 들어가는 수고가 적다. 리츠는 대형을 좋아한다.

리츠는 부동산의 매입과 관리운영, 처분 등의 모든 과정을 주주들에게 낱낱이 공개해야 한다. 또 수시로 감독기관에 보고도 해야 한다. 중요한 정보는 공시 의무도 있다. 그렇게 되면 그 동안 베일에 가려져 있던 빌딩의 임대료와 매매가격이 세상에 알려질 것이다. 옆집의 리츠가 임대료를 1000원 받는데 우리집은 500원 받는다고 국세청에 신고할 수 있을까? 그러면 신고하는 날 세무조사를 당할지도 모른다.

리츠는 부동산에 관한 관행을 근본적으로 바꾸어 놓을 가능성이 높다. 이미 수익률에 기초한 부동산의 가격산정 방식이 많이 전파되었지만 리츠는 그 속도를 더욱 높일 것이다. 이제 주먹구구식의 부동산투자는 위험한 일이 되었다. 리츠는 합리적인 부동산투자에 대한 사회적 인식을 정착시킬 것이다.

리츠는 부동산산업의 구조도 바꿀 것으로 예상된다. 리츠가 임대수익률이 높은 아파트, 업무용 빌딩, 상가 등을 매입하여 임대사업을 활발히 펼친다고 하자. 리츠는 건설회사의 좋은 투자자가 될 것이다. 은행은 공사비를 대고, 건설회사는 짓고, 건물이 완성되면 리츠가 매입하는 형태의 부동산 개발이 점차 늘어날 것이다.

리츠에 의한 임대사업이 활성화되면 일반적으로 사람들은 주택 구입의 필요성을 조금 덜 느낄 것이다. 사실 집주인의 집 비워달라는 소리에 집을 구입하는 사람도 많지 않은가? 집에 문제가 있어 수리를 부탁하면 또 얼마나 피곤한 일이 많이 생기는가? 리츠는 부동산

전문기업이 임대를 하는 경우이다. 전기가 나가면 한전 직원이 와서 수리하듯이 집에 문제가 생기면 리츠 직원이 와서 문제를 해결한다. 같은 월세를 낼 바에야 리츠가 집주인인 집을 빌리는 것이 편리할 것이다. 앞으로는 전세 보증금을 빼서 리츠에 투자하고 그 리츠가 세주는 월셋집에 사는 사람이 생길지도 모른다.

리츠는 합리적인 수익률에 근거하여 투자한다.

리츠를 '부동산의 주식화' 라고
하는 이유는 무엇일까

● 리츠 주식을 보유한다면 그만큼의 부동산을
가지고 있는 것과 똑같은 효과가 있다 ●

리츠는 부동산을 환가성이 높은 주식으로 바꾸어 거래할 수 있도록 제도화한 것이다. 부동산은 물론 일반 법인도 소유할 수 있다. 그래서 부동산을 많이 보유한 회사의 경우 주식시장에서 자산주라는 이름으로 불리기도 하며, 부동산가격이 오르면 이 회사의 주가가 오르기도 한다.

리츠는 부동산 및 부동산 관련 자산에 투자하는 것만을 사업목적으로 하는 주식회사이다. 또한 일반 주식회사와는 달리 그해 사업에서 벌어들인 이익을 회사에 남겨 두지 않고 모두 주주에게 배당해야 한다. 즉 리츠는 회사의 형태를 취하고 있지만 회사 그 자체의 존재가치보다는 투자펀드의 성격을 띠고 있다. 따라서 리츠 주식을 보유하고 있다는 것은 리츠가 보유하고 있는 부동산의 지분을 그만큼 가

리츠의 기대효과

리츠 도입 효과	
· 소액으로도 우량 부동산투자 가능	· 부동산관리의 전문화, 분업화
· 주거생활 안정	· 다양한 임대시장
· 종합적인 부동산서비스 제공	· 외자유입 확대
· 개발자금 자본시장에서 직접 조달 가능	· 다양한 투자 포트폴리오 가능
· 현물출자로 부동산 처분 용이	· 시장의 자율기능 제고, 간접개입
· 수익을 기초로 한 감정평가	· 정부의 재정부담 완화
· 다양한 대규모 자산관리업체 등장	· 투명화를 통해 탈세방지 가능

지고 있는 것과 마찬가지이다.

　일반 리츠는 부동산투자회사법에 의해 상장(Listing)이 의무화되어 있다. 주식이 상장되면 개인은 증권회사를 통해 간편하게 거래할 수 있게 된다. 부동산의 직접 거래와 같이 매수인을 찾아 헤매지 않고 즉시 현금화할 수 있게 되는 것이다.

　리츠 투자란 부동산 전문가의 도움을 받아 부동산에 간접적으로 투자하는 것으로, 형식적으로 볼 때는 부동산에 투자하는 회사의 주식을 구입하는 것이다. 주식을 갖고 있는 사람은 현금이 필요할 땐 언제든지 주식시장에 내다 팔 수 있다. 매도 3일 후면 통장에 현금이 입금된다.

　예전에는 63빌딩에서 나오는 수익을 얻기 위해서는 수천억 원이 필요했다. 부동산으로부터 발생하는 수익을 얻기 위해서는 그 부동산의 소유권을 가져야 했기 때문이다. 그러나 63빌딩의 리츠 주식 500만 원어치를 갖고 있다면 그 금액만큼 63빌딩의 소유자가 될 수 있다. 63빌딩 등기부등본에 소유자로 이름이 등재되어 있지는 않지만 63빌딩을 소유하고 있는 리츠의 주식을 갖고 있으므로 간접적으로 63빌딩의 소유자가 되는 셈이다.

이렇듯 리츠는 부동산의 소유권을 주식회사의 주식 형태로 전환하여 불특정 다수가 소액으로 부동산을 공동으로 소유할 수 있도록 만드는 도관체 역할을 한다. 리츠를 '부동산의 주식화' 라고 말하는 이유가 여기에 있다.

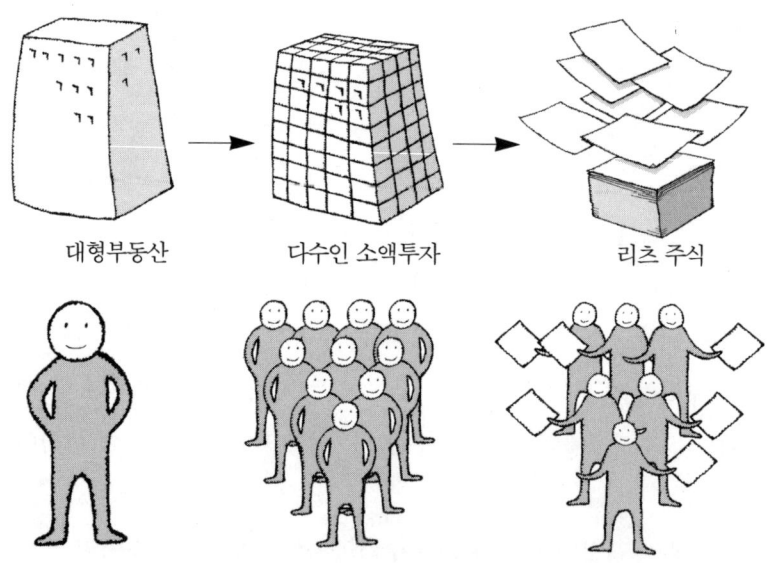

대형부동산   다수인 소액투자   리츠 주식

리츠 주식은 그만큼의 부동산을 가지고 있는 것과 똑같은 효과를 가진다

리츠도 주식처럼 거래가 쉬울까

• 리츠는 상장의무가 있기 때문에 기업공개가 되므로
일반 기업의 주식처럼 쉽게 사고 팔 수 있다 •

리츠에 투자하는 것은 부동산에 직접 투자하는 것보다 환가성이
높다고 한다. 환가성이 높다는 것은 현금으로 바꾸기가 쉽다는 것이
다. 왜 그럴까? 리츠는 주식회사이고 투자자는 리츠의 주식을 갖고
있으므로 환가성이 높은 것일까? 반은 맞는 말이다. 그러나 정답은
아니다.

리츠가 환가성이 높은 이유는 상장의무가 있기 때문이다. 상장의
무란 누구든지 리츠의 주식을 쉽게 사고 팔 수 있도록 증권거래소나
코스닥에 기업을 공개해야 한다는 것이다. 물론 일정 요건이 있다.
같은 주식회사라도 상장이나 등록이 되어 있는 회사의 주식과 그렇
지 않은 회사의 주식은 그 환가성에 많은 차이가 있다. 현금을 필요
로 할 때 부동산을 갖고 있는 사람은 많은 시간과 비용을 들여 매수

자를 찾아야 한다. 마찬가지로 상장되지 않은 회사의 주식을 갖고 있는 사람은 그 주식을 사줄 사람을 찾기 위해 비용과 시간을 많이 들여야 한다. 그러나 상장된 기업의 주식을 갖고 있는 사람은 증권거래소에서 시장가격으로 매도주문만 하면 쉽게 거래를 할 수 있다.

리츠는 증권거래소 유가증권시장의 상장기준이나 한국증권협회의 등록요건을 갖추면 의무적으로 상장 또는 등록을 해야 한다. 상장이나 등록요건을 갖추고도 이를 이행하지 않으면 건설교통부장관이 직접 이를 명할 수 있다. 그래서 리츠 주식을 갖고 있는 사람은 언제든지 주식을 시장에 팔고 살 수 있다.

리츠가 환가성이 높은 이유는 상장의무가 있기 때문이다

구조조정 리츠에는 왜 환매제도가 있을까

• 리츠의 환가성을 확보하여 소액투자자들에게도
투자기회를 주기 위해서 환매제도가 필요하다 •

환매(還買)란 물건을 판 사람이 다시 사는 것이다. 증권회사가 일정 기간 경과 후에 일정 가격으로 다시 매수할 것을 조건으로 판매하는 채권을 환매조건부채권이라고 하는데, 투자자 즉 매수자 입장에서는 현금 확보가 용이하다는 장점이 있다.

리츠의 경우에도 이런 환매제도가 있을까? 즉 리츠 주식을 구입한 사람이 리츠 공모 주간사에 다시 주식을 되사라고 요청할 수 있을까? 일반 리츠의 경우에는 이러한 제도가 없다. 상장이나 등록이 되면 투자자가 손쉽게 리츠 주식을 팔 수 있기 때문이다.

그러나 구조조정 리츠의 경우에는 예외적으로 환매제도가 있다. 즉 상장 전 주주가 사망, 파산 또는 이민을 가는 등 특별한 사정이 발생한 경우 등에는 주주총회의 결의를 얻어 구조조정 리츠 주식을 구

구조조정 리츠의 환매제도

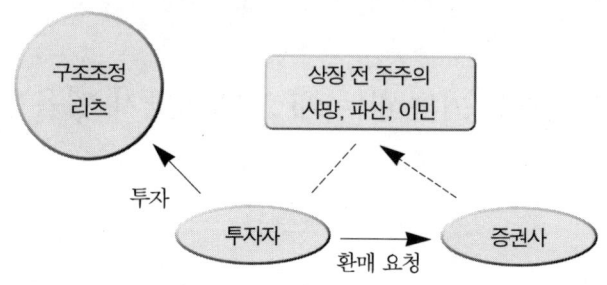

입한 증권회사에 일정한 조건으로 되사라고 요청할 수 있다. 리츠의 환가성을 확보하기 위한 안전장치인 셈이다.

리츠는 일반인들이 소액을 가지고도 부동산에 투자할 수 있도록 함으로써 건전한 부동신문화를 정착시키고, 부동산으로부터 발생되는 이익에서 소외되었던 다수 국민들의 상대적 소외감을 줄이는 역할을 한다. 따라서 리츠에는 투자자를 보호하는 여러 장치가 있다. 환매제도도 그 중의 하나이다.

리츠의 매력

REITsREITsREITsREITsREITsREITsR

리츠의 수익률 구성은 어떻게 될까

• 리츠의 수익은 1년에 한 번 내지 두 번 리츠가 주주들에게
배당하는 수익과 주식시세 차익으로 구성된다 •

리츠의 수익은 두 가지로 구성된다. 1년에 한 번 내지 두 번 주주들에게 배당하는 배당수익과 주식을 시장에서 팔아 얻는 시세차익이다. 수익률은 투자원금대비 수익의 비율을 말한다. 100원을 리츠에 투자했는데 배당으로 10원을 받았다면 수익률은 10%이다. 리츠의 수익률은 성격별로 다르므로 일률적으로 말할 수는 없다. 리츠의 수익률은 회사의 경영능력과 보유자산의 성격, 경제환경 등 많은 요인으로부터 영향을 받는다.

미국의 경우 리츠는 일반채권의 수익률을 상회하는 수익을 투자자들에게 돌려주었다. 리츠가 이제 시작되는 우리나라에서 리츠의 수익률을 예상해 보기 위해서는 리츠의 일반적인 수익구조를 이해하는 것이 필요하다. 리츠의 수익 대부분은 부동산 임대수입에서 운영경

부동산 유형별 소득수익률 비교

부동산 유형	소득수익률
호텔	10.2%
다운타운 오피스	9.5%
파워센터	9.5%
커뮤니티 센터	9.5%
교외 오피스	9.1%
산업시설	9.0%
아파트	8.8%
지역 몰	8.3%

＊ 자료 : Real Estate Research Center, Mullaney, John A.(1997)

비를 뺀 임대소득이다. 이 임대소득에서 리츠 자산관리회사, 자산보관회사 등에게 수수료를 지급하고 남은 것을 주주들에게 배당하는 것이다.

현재 리츠가 목표로 하는 부동산운용수익률은 부동산의 종류와 등급에 따라 다르다. 미국의 리츠와 같은 조건이라면 프라임오피스의 경우 10% 내외이고 전체적인 투자수익률은 12~15%대로 예상된다. 배당수익률은 현금투자 수익률에서 첫 해에는 약 1.5%, 2년차 이후 안정화되면 약 1%, 규모가 커지면 약 0.8% 정도가 차감될 것으로 예상된다.

예상되는 시세차익은 금리와 내부 현금창출능력이 변수이다. 금리가 내리고 내부의 현금흐름이 증가하면 상당한 시세차익이 가능하다. 예를 들어 금리가 10%일 때 순운영수익 100원인 1000원짜리 빌딩은 금리가 9%가 되면 약 1111원이 되어 시세차익이 111원, 약

리츠의 수익 구성 ────────────────────

| 임대수입 | − | 운영경비 | = | 임대소득 |

| 임대소득 | − | 자산관리회사 수수료 | = | 주주배당수익 |

| 주주배당 수익 | + | 금리 | = | 리츠 수익 |

금리가 안정되고 자산운용수익이 높을수록 리츠 수익률이 높다

───

11%의 수익이 발생하게 된다. 운영을 잘하여 순운영수익을 10% 증가시킨다면 금리 10%일 때 빌딩의 가치는 1100원이 되어 시세차익 10%이다. 장기적으로 금리가 하향 안정화되고 운영을 효율적으로 한다면 상당한 시세차익이 발생할 수 있음을 알 수 있다.

리츠 수익률, 얼마로 예상하면 좋을까

• 대략 14% 정도의 수익률이 예상된다. 그러나 투자 대상이나
성격에 따라 운용수익이 미국보다 높을 가능성이 있다 •

리츠가 현재 예상할 수 있는 최소 투자수익률은 '국채+2%' 수준에
주가상승 수익을 더한 것이다. 일부에서는 주가상승 수익을 제외하
고 '정기예금+4%' 이상이 가능해야 리츠 시장이 활성화될 수 있을
것으로 전망하기도 한다.

미국의 경우에는 주가상승 수익을 제외하고 '국채+1.5%' 수준을
최소 수익률로 보고 있다. 1990년에는 14.8%나 손실을 보기도 했고
1996년에는 35.3%의 고수익을 올리기도 했지만, 일반적으로 연간
7% 안팎의 배당소득과 7% 안팎의 주가상승율을 기록해 14% 정도의
투자수익률을 제공하는 것으로 알려져 있다.

한국주택저당채권유동화중개주식회사가 발행하는 MBS의 수익률
도 3년 만기 국공채 금리보다 약간 높은 수준이며, 은행에서 판매하

는 부동산투자신탁 예상수익률도 6~10%로 예상된다.

투자자의 입장에서는 고수익을 기대하고 리츠에 투자할 수 있지만, 리츠의 주식도 원금손실이 발생할 수 있는 금융상품이라는 점을 항상 기억해야 한다. 물론 원금손실에 따른 손해는 모두 투자자가 책임져야 한다. 이를 위해서는 투자수익률을 처음부터 높게 잡지 말아야 한다. 리츠를 안정적인 투자수단으로 이해하고 적절한 수익률을 목표로 해야 한다. 그러므로 은행상품보다 약간 높은 수익을 얻는 정도로 기대수준을 낮추어 투자하는 것이 바람직한 투자방법이라고 할 수 있다.

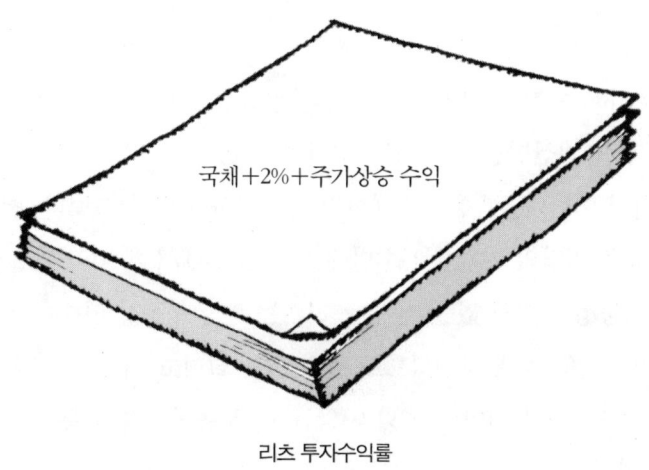

국채＋2%＋주가상승 수익

리츠 투자수익률

리츠 주가도 폭등할 수 있을까

● 리츠 주가는 부동산가격보다 변동폭이 크다. 상당폭
상승하는 경우도 있지만 배당과 안정성을 중시하므로
폭락이나 폭등의 위험은 상대적으로 적다 ●

　주식가격은 그 기업의 자산가치와 성장성을 반영한다. 리츠는 부동산 관련 자산만을 보유하는 회사이며, 부동산가격은 본질적으로 폭등하기 어렵다. 현재의 경제환경을 고려하면 더욱 그렇다. 서울에 있는 대형 빌딩의 가격이 1년 만에 1000억 원에서 2000억 원으로 상승할 가능성은 거의 없을 것이다. 리츠는 통상 부동산 임대수익과 자산가치 상승분을 투자수익으로 돌려준다. 그리고 자고 나면 부동산가격이 오르는 신화가 재연되지 않는 한 부동산가격은 폭등하지 않는다. 따라서 리츠 주가도 기본적으로 폭등하기 어렵다.

　그러나 리츠 주가는 자본시장에 편입되어 있는 관계로 일반적인 부동산가격보다는 변동성이 높아진다. 주식시장에 어느 정도 동조화되는 현상이 발생한다. 미국의 경우 리츠 회사의 순자산가치는 20~30% 늘었는데 주가는 100%이상 오른 사례도 있다. 특히 인수 및 합병 등의 모멘텀이 있을 때는 주가가 상당폭 상승하기도 한다.

리츠가 개발제한구역의 토지를 보유하고 있는데 그 제한이 풀렸다든지 하는 경우 급격한 지가상승을 예상하여 주가가 폭등하는 시나리오를 생각해 볼 수 있다. 그 한 예로, 강원도 고성에 있는 나대지는 금강산 육로관광 합의에 따라 1년 사이 2~3배로 뛸 수 있다.

그러나 리츠는 이러한 부동산에는 투자하지 않는다. 정부 정책이나 의외의 변수에 의한 가격 급등을 노리는 부동산투자에서는 안정적인 임대료 수입을 얻기 어렵기 때문이다. 즉 처분 전까지는 의미있는 현금흐름(cash-flow)이 발생하지 않을 가능성이 높기 때문이다.

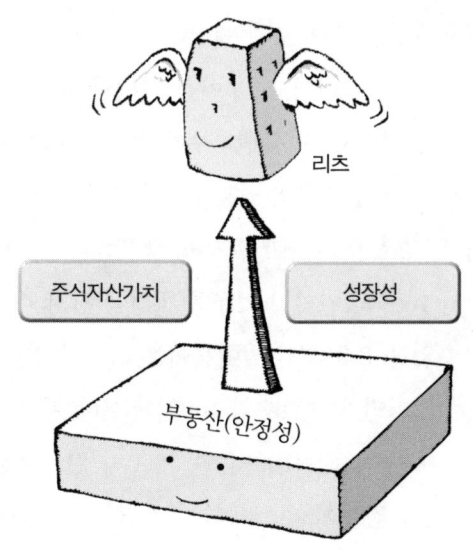

리츠 주가는 부동산보다는 변동폭이 크나 일반 주식보다는 안정적이다

리츠의 세금혜택은 수익률에 어떤 영향을 미칠까

• 법인세 등의 세금혜택은 3%내외의 수익률을 좌우한다 •

구조조정 리츠가 부동산을 취득할 때는 취득세와 등록세 등 거래세가 완전히 면제되고, 법인세도 면제된다. 일반 리츠는 취득세와 등록세 등 거래세가 50% 감면되고, 투자한 금액의 50%를 손실준비금으로 산입하는 대신 법인세는 면제해 주지 않는다. 그리고 리츠가 보유 부동산을 처분할 때는 개인의 양도소득세에 해당하는 특별부가세를 일반 리츠나 구조조정 리츠 모두 50% 감경받을 수 있다.

예를 들어 시가 1000억 원짜리 업무용 빌딩을 사서 각종 비용을 빼고 연간 임대료수익을 100억 원 벌어들이는 리츠가 있다고 하자. 거래세와 법인세가 없다면 임대료수익 100억 원은 모두 투자자에게 배당할 수 있다. 이때 수익률은 100억 원/1000억 원이므로 10%가 될 것이다. 그러나 만약 정부가 취득세와 등록세 등 거래세 58억 원을 부과하면 취득원가가 1억 원이 된다. 여기에 법인세 약 28억 원을 부과한다면 배당가능 수익은 72억 원으로 축소될 것이다. 이 경우 수익률은 72억 원/1058억 원이므로 7%가 된다. 결과적으로 법인세 등의 세금은 수익률의 약 3% 전후를 좌우할 것으로 예상된다. 현재 투자 가능한 부동산의 수익률이 도심의 주요 지역 일부 부동산을 제외하고는 10%를 넘지 않는 것을 감안하면, 리츠 시장의 규모는 세제혜택이 그 변수가 될 수밖에 없다. 세제혜택이 없다면 굳이 리츠를 통해서 부동산투자를 하지 않을 것이다. 왜냐하면 리츠는 부동산 구입, 운영, 처분, 이익배당 등에 있어 까다롭게 규제를 받고 있기 때문이다. 리츠를 제도화하고서 세제혜택이 주어지지 않거나 그 효과가 약하다면 리츠가 설자리는 없어질 것이다.

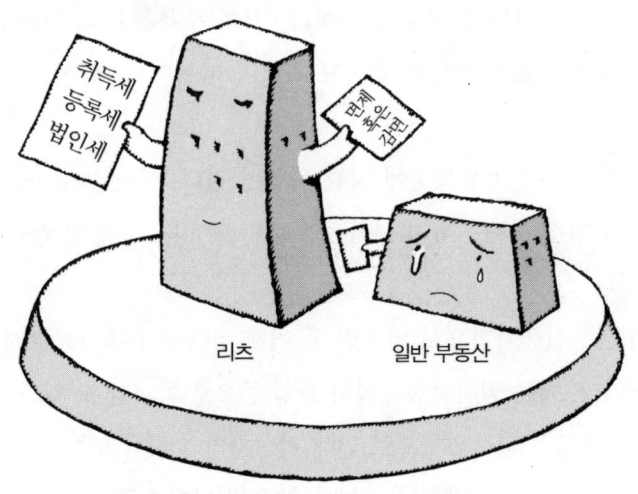

법인세 등 세금은 3% 전후의 수익률을 좌우한다

리츠에는 어떤 위험이 있을까

• 리츠는 신용, 금리, 인플레이션, 경기, 위치, 운영
등의 위험 요인을 가지고 있다 •

수익과 위험은 동반자 관계이다. 리츠는 부동산을 투자대상으로 하는 것이므로 부동산과 관련된 위험이 따르며 그 위험도 천차만별이다.

먼저 부동산의 유동성에 따른 위험이 있다. 이것은 부동산을 현금화하기 어렵기 때문에 발생되는 위험이다. 리츠로 상당 부분 회피할 수 있다.

다음은 신용위험으로 임차인 등 거래 상대방의 부실화로 발생하는 위험이다. 이는 임차보증금이나 보험 등으로 회피할 수 있다.

금리위험은 금리변동으로 인해 자산가치의 하락 또는 부채의 증가가 일어날 위험을 말한다. 임대료는 고정되어 있는데 변동금리부차입을 한 경우 발생한다. 금리인상으로 인한 자산가치의 하락은 장기

부동산 유형별 위험 스펙트럼

◀──── 높은 위험	낮은 위험 ────▶
교회/사무실	
CBD 사무실	다가구 거주시설
쇼핑센터	매뉴팩처링 하우징
자가저장센터	산업용 부동산
호텔/모텔	지역 몰
나대지	상업용 순 리스

* 주: CBD(중심업무지역, Central Business District)
　자료: Real Estate Research Center, Mullaney, John A.(1997)

보유전략으로 어느 정도 회피 가능하다.

　인플레이션 위험은 인플레이션에 따라 관리비용은 증가하는데 임대료 증가는 이에 미치지 못할 경우 발생한다. 임대료와 관리비를 엄격히 분리해 관리비를 실비로 받을 경우 어느 정도 회피 가능하다. 현재도 그렇지만 관리비 연동은 시스템상 어려움이 많다.

　경기 위험은 일반 경제의 위축으로 부동산수요가 줄어들어 임대료 수입 및 부동산가격이 하락하는 위험을 말한다. 근본적으로 회피가 불가능하다.

　운영 위험은 부동산 관리능력 부족으로 인한 경제적 손실 위험이다. 사실상 가장 흔하고 중요한 위험이다. 운영 위험이 큰 부동산은 매입시 할인을 더 많이 하는 것이 일반적이다.

리츠의 위험

유동성 위험	부동산을 현금화하기 어려운 경우 발생
신용 위험	거래 상대방의 부실화
금리 위험	금리 인상으로 자산가치 하락
인플레이션 위험	관리비용 증가
경기 위험	경기 위축으로 부동산 수요 감소
운영 위험	관리능력 부족
위치 위험	지역경제 쇠퇴

위치 위험은 주변지역이 경제적으로 쇠퇴해서 발생하는 부동산 고유의 위험이다.

이렇듯 위험의 종류가 다양하다. 모두 일반적인 부동산투자를 할 때 발생하는 것으로, 이러한 위험은 과학적인 판단과 선택으로 최소화해야 한다.

일반 주식과 리츠, 어느 쪽이 안정적일까

• 부동산은 가격변동성이 크지 않다. 따라서 리츠 주가 또한
일반 주식의 가격 변동폭보다는 작다 •

일반 주식과 리츠의 획일적인 비교는 힘들다. 일반 주식의 경우도 사업내용, 보유자산 등에 따라 가격변동성이 천차만별이고 리츠의 경우도 리츠의 투자형태, 투자대상 자산에 따라 가격변동성이 좌우되기 때문이다. 일반적으로 리츠는 부동산 전문 투자회사이므로 주가가 부동산자산의 가격변동 특성을 반영한다. 부동산의 가격변동성은 크지 않다. 따라서 리츠 주가는 통상 일반 주식의 가격변동폭보다 작다. 더 안정적인 셈이다.

미국의 경우에도 리츠 주식은 전기, 가스회사 등 유틸리티주와 비슷한 경향을 띤다. 미국의 유틸리티주는 거액의 자본이 투여되어 장기적으로 안정적인 수익을 내며 배당 성향이 매우 높아 채권에 준하는 성격을 띤다. 그런데 리츠 주식은 유틸리티주와 비슷하게 안정적

이며 배당률이 높은데다가 유틸리티주식에는 없는 성장성까지 있어 인기를 끌고 있다.

벤처 기업의 주가는 통상 성장성을 기준으로 산정하므로 진폭이 크다. 리츠 주가는 기본적으로 예상되는 임대수익률 및 그에 기초한 배당률에 의존한다. 따라서 경기변화에 좌우되지만 일반적으로 그 폭은 크지 않다. 특히 리츠가 도심 주요 빌딩 등 안정적인 임대수입이 보장되는 부동산 위주로 자산을 보유한 경우에는 더욱 그렇다.

경매 리츠나 공매 리츠의 경우에는 가격변동성이 좀더 클 수 있다. 경매 낙찰가율이 올라 리츠의 자산 매입가격이 올라가면 수익률이 하락할 것이므로, 경매시장의 상황변화에 민감하게 반응하는 것이다.

상가 및 쇼핑몰 등 판매시설용 부동산에 투자하는 리츠는 경기변

리츠 상식

리츠는 종이조각이 아니다

• 부동산 원본은 대부분 남는다. 주식이나 채권은 투자대상기업이 망하면 휴지가 된다. 만약 돌려받을 수 있는 것이 있다면 그것은 대부분 부동산에 의한 것이다.
• 리츠의 기초가 되는 부동산 자산은 IMF 때에도 50%씩 떨어지지는 않았다. 주요 오피스의 경우 약 30~40% 정도 떨어졌다. 이것은 경매부동산의 낙찰가를 보아도 알 수 있다. 또한 리츠는 다른 사업을 하지 않기 때문에 급한 자금수요가 없을 뿐 아니라, 계속적인 임대료 수입이 있다. 따라서 시장이 안 좋을 때는 팔지 않고 기다릴 수 있다. 일반 기업이 자금사정이 어려워졌을 때 부동산을 급매해야 하는 것과는 다른 것이다. 가격변동 위험에 대해 리츠 자체는 Buy & Hold 전략으로 회피가 가능하다.

동에 따른 수익률 진폭이 상대적으로 심하므로 리츠 주가도 경기변동에 좀더 민감하다. 그러나 가격변동성이 가장 큰 리츠는 단연 개발사업을 포트폴리오에 포함시킨 리츠가 될 것이다. 이것은 최고의 수익률과 최고의 위험률을 보일 것이다.

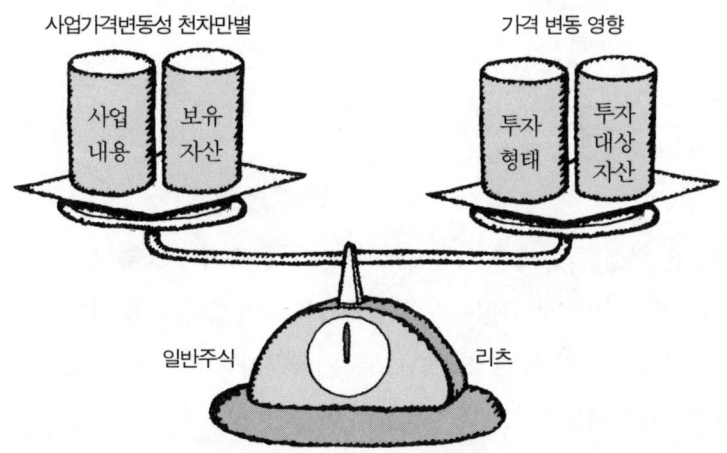

일반 주식의 경우 사업내용, 보유자산에 따라 가격 변동이 심하다.
리츠 주식은 투자형태, 투자대상 자산에 따라 가격이 영향을 받는다.

채권 투자와 리츠 투자, 어느 쪽이 더 안정적일까

• 채권은 확정이자와 원금이 보장된다. 그러나 인플레이션
위험을 피하기 어렵다. 리츠는 투자 원금이 보장되지
않지만 원금 전액을 날리는 위험은 없다 •

채권은 통상 국공채와 회사채로 나뉜다. 국공채는 소위 무위험자산으로 분류되며, 회사채는 그 발행기업의 신용도에 따라 위험도가 등급별로 나뉘어져 있다. 요즘과 같은 저금리가 지속된다면 국공채는 5~6%, 회사채는 7~9%의 수익률이 예상된다.

채권은 자본이득, 즉 자산가치의 상승에 따른 이익을 얻을 수 없는 반면 확정적인 이자와 원금보장성이 높은 상품이다. 그러므로 당연히 자본이득에 대한 반대 개념으로 인플레이션에 대한 위험을 방어할 수는 없다. 그러나 리츠는 부동산을 주로 보유하는 기업의 주식이다. 따라서 자산가치 상승에 따른 이익을 얻을 수 있는 반면에 투자 원금이 보장되지 않는다.

채권도 경우에 따라 발행기업이 부도 파산할 경우에는 원금 전액을 날릴 수 있는 위험이 있다. 그래서 회사채의 경우 위험을 감안하여 국공채의 수익률보다 1~2%의 수익이 더 주어진다. 리츠는 원금은 보장되지 않지만 부동산 특유의 안정성으로 인해 원금 전액을 날릴 위험은 없다. 부동산은 IMF와 같은 급격한 경기침체 상황에서도 직전가격 대비 절반 이하로는 가격이 하락하지 않았다. 리츠도 개발사업에 대한 투자비율이 높을수록 원금 손실의 위험이 그만큼 커진다. 그러나 현행 부동산투자회사법이 자본금 30%를 초과하여 개발사업에 투자하는 것을 금지하고 있으므로 안정성이 높은 편이다.

　결론적으로 채권과 리츠 역시 투자대상으로서의 획일적인 비교는 곤란하다. 다만 개별 채권과 리츠의 수익률과 안정성에 대한 비교로 그 우열이 가늠될 것이다.

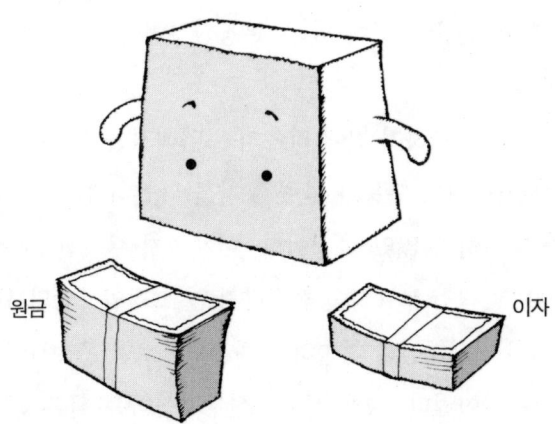

원금　　　　　　　　　　　　　　　이자

채권은 확정이자와 원금이 보장된다. 그러나 인플레이션의 위험은 방어하기 어렵다. 리츠는 자산가치 상승 이익이 매력이지만 원금이 보장되지는 않는다.

리츠는 은행의 부동산투자신탁상품과
어떻게 다를까

• 리츠는 부동산투자신탁상품과는 달리 주식형태이므로 환금성이 높다 •

부동산투자신탁과 리츠는 다수의 투자자들로부터 투자자금을 모아 부동산 관련 투자를 하고 그 수익을 투자자에게 돌려주는 부동산 간접투자제도라는 공통점이 있다. 부동산투자신탁도 광의의 리츠에 속하는 것이다.

이 두 제도를 비교하기 전에 리츠의 도입배경을 생각해 보자. 은행의 부동산투자신탁이 부동산 관련 투자를 활발히 할 수 있었다면 굳이 리츠를 도입하지 않았을 것이다. 이제까지 부동산투자신탁은 여러 가지 이유로 직접 부동산을 취득하지 않고 개발사업의 시행자에게 토지매입비나 건설자금을 대출하는 대출형으로만 운용하여 대출이자가 주 투자수입이었다. 그래서 부동산투자신탁은 원본 손실 위험이 적은 대신 수익률은 시중 대출금리를 넘지 못하는 한계가 있었다.

리츠는 직접 부동산자산을 매입하여 운용수익과 자본이득을 취하는 형태의 간접투자상품이다. 더욱이 구조조정 리츠는 법인세가 완전 면제된다. 리츠는 은행의 부동산투자신탁과는 달리 주식 형태이므로 투자자 입장에서는 환금성이 대폭 보강된 것으로, 상장 이후에는 온라인으로 언제든지 사고 팔 수 있다. 결국 부동산투자회사법상 리츠는 세제의 혜택이나 환금성, 투자대상의 선택 재량 등 전반적인 측면에서 은행의 부동산투자신탁보다 유리할 것으로 보인다.

물론 개별투자상품으로서의 리츠와 부동산투자신탁상품은 누가 운용하는가, 어떤 자산을 대상으로 투자하는가에 따라 좌우되므로 일반적인 우열이 절대적인 기준이 될 수는 없다. 결국 모든 투자가 그렇듯이 투자상품의 우열은 상품을 만들고 운용하는 사람들의 능력과 시장환경 및 그 상품이 주로 투자하는 대상에 따라 좌우되는 것이다. 부동산 관련 투자는 더욱 그렇다.

은행의 부동산투자신탁과 달리 리츠는 주식 형태이므로 환금성이 대폭 보장된 것이 특징이다. 또 부동산 관련 대출도 할 수 있으므로 상대적으로 유리하다.

부동산 직접 투자와 리츠 투자, 어느 쪽이 나을까

• 리츠는 간접투자상품이므로 직접 투자하고
관리하는 위험부담을 줄여준다 •

　이 질문은 어떤 면에서는 개미 투자자들이 일반 회사의 주식에 직접 투자하는 것과 뮤추얼펀드에 투자하는 것 중 어느 것이 나을까라는 질문과 비슷하다.

　흔히 직접투자와 간접투자를 비교하면서 간접투자의 장점으로 거론되는 것이 전문지식의 차이, 정보의 불균형, 포트폴리오 효과 같은 것이다. 뮤추얼펀드는 주식투자를 직업으로 삼고 수년 혹은 수십 년간 투자해 온 전문가들이 운용한다. 전문가들은 오랜 투자활동을 통해서 많은 경험과 지식을 쌓았고, 다양한 네트워크를 가지고 있기 때문에 개미 투자자보다 중요한 정보를 더 많이 더 빠르게 접할 수 있다. 이것이 중요한 차이다. 또 대규모 자금으로 여러 회사의 주식에 분산투자하기 때문에 위험을 관리할 수 있다는 점도 중요한 차이라고 할 수 있다. 이와 같은 장점은 리츠에 투자하는 경우에도 그대로 적용된다. 특히 부동산시장은 공개된 정보와 개미 투자자들의 지식이 더욱 적기 때문에 전문성이 더 많이 요구되는 분야이다. 그리고 리츠에 투자하는 경우 독특한 몇 가지 장점이 있다.

첫째, 주식에 투자하는 경우와 달리 부동산에 직접투자를 하기 위해서는 상당히 많은 자금이 필요하다. 몇 십만 원만 있으면 주식으로 삼성전자에 직접투자할 수 있지만, 동네의 조그만 상점 하나를 매입하여 투자하기 위해서도 몇천만 원이 필요하다. 이런 이유로 많은 사람들이 부동산에는 투자하고 싶어도 할 수 없는 상황이다. 리츠는 만 원을 가지고 시내에 있는 수만 평짜리 대형 빌딩에 투자할 수 있는 기회를 제공한다.

둘째, 부동산에 직접투자한다면 취득세, 등록세, 종합토지세, 양도소득세 등 많은 세금을 내야 한다. 그러나 리츠는 이런 세금이 대부분 면제되거나 감면된다. 이것은 뮤추얼펀드에 투자하는 경우에는 볼 수 없는 장점이다.

셋째, 규모의 경제 효과이다. 리츠는 직접투자자보다 훨씬 대규모로 부동산 자산을 운용할 수 있다. 이에 따라 각종 비용을 절감할 수 있으며, 임차인들과 네트워크를 강화해 임대를 더욱 용이하게 할 수 있다. 뮤추얼펀드는 일반적으로 커질수록 운용에 어려움을 겪는데 반해 리츠는 규모의 경제 효과를 얻을 수 있다.

리츠는 투자수익을 불특정 다수가 나누어 가지는 것이다. 직접 부동산에 투자하는 경우 투자수익을 독점할 수 있지만 그 위험 역시 자신이 부담해야 한다. 게다가 환금성에 있어서 리츠와 직접투자는 비교가 되지 않는다. 주식은 주식시장에서 즉시 현금화가 가능 하지만 부동산은 전혀 그렇지 않기 때문이다.

소규모의 부동산투자는 직접투자가 나을 수 있다. 경우에 따라서는 자산가치의 상승이익을 독점할 수 있기 때문이다. 그러나 무차별로 가격이 상승하던 시대는 지나고 부동산가격 차별화가 일반화되어 있다. 그러므로 오를 부동산과 오르지 않을 부동산을 식별하는 것이 매우 어려워졌다. 투자판단의 실패에 대한 위험부담 역시 투자자가 부담해야 한다는 사실을 명심해야 한다.

리츠는 간접투자제도이다. 부동산 전문집단이 투자판단과 관리운용을 대신한다. 직접 부동산에 투자하고 소유 관리하는 정력과 비용 및 위험부담을 감안하고 리츠에 대한 투자와 비교해야 할 것이다.

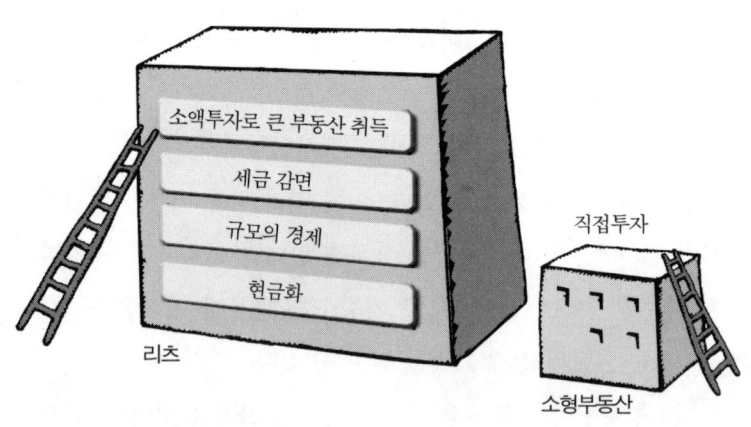

리츠는 간접투자상품이므로 직접 투자 · 관리하는 위험 부담을 줄여준다.

다양한 리즈의
종류

다양한 리츠 상품, 어떤 것들이 있나

• 리츠에는 수익구조와 배당정책, 투자대상 등을 기준으로 다양한 상품이 있다 •

이제 여러 종류의 리츠가 시장에 나와 여러분에게 투자를 호소할 것이다. 어떤이는 학원을 리츠로 만든다고 하고, 어떤이는 부동산 경매를 통해 저가에 부동산을 사서 이를 되파는 과정을 반복하여 고수익을 내는 리츠를 만든다고 한다.

미국에서는 교도소를 가지고도 리츠를 만든다고 하니 리츠로 못 만들 것이 없어 보이기도 한다. 이렇게 다양한 리츠들이 다투어 자신들의 수익모델이 가장 안정적으로 고수익을 올릴 수 있다고 선전할 것이다. 투자자들은 귀가 솔깃해지지만 한편으로는 숨겨진 위험이 있을 것도 같아 망설이게 된다.

이럴 때는 비슷한 성격을 가진 리츠끼리 묶어서 유형화하고, 유형별로 기본적으로 어떤 장점과 단점이 있는지 파악하는 것이 효과적이다. 교과서적인 이야기지만, 지식 축적을 위한 첫걸음은 바로 유형

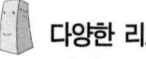 **다양한 리츠 상품**

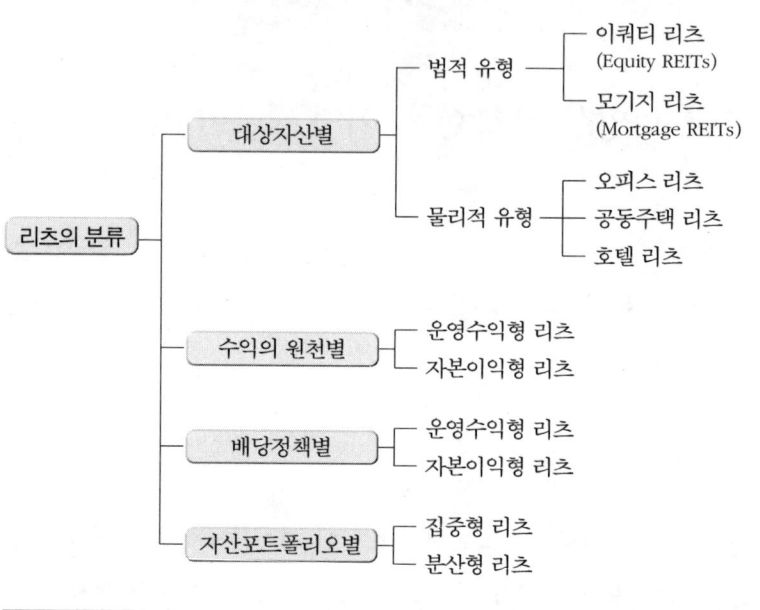

화하고 분류하는 것이다. 이제 그 첫걸음을 시작해 보자.

리츠는 투자대상자산에 따라 분류할 수 있으며 다시 대상자산별로 법적인 유형과 물리적인 유형으로 분류할 수 있다. 법적인 유형에 따라 이쿼티 리츠(Equity REITs)와 모기지 리츠(Mortgage REITs)로 구분할 수 있고, 물리적 유형에 따라서는 오피스 리츠, 공동주택 리츠, 호텔 리츠 등으로 구분할 수 있다. 이것이 가장 기본적인 분류 방법이다.

다른 방법으로는 수익의 원천, 배당정책, 자산 포트폴리오 전략 등에 따라 운영수익형 리츠과 자본이익형 리츠, 성장형 리츠와 채권형

리츠의 유형(미국)

구분	자기관리(self management)
투자대상 유형	• Equity REITs : 주로 부동산의 소유권, 지분에 투자하는 리츠 • Mortgage REITs : 주로 부동산 담보대출(mortgage)이나 MBS에 투자 자금을 운용하는 리츠 • Hybrid REITs : 지분 투자와 담보대출을 혼합한 리츠

투자대상
한정 여부
	• Blank or "Blind Pool" Check Trusts : 투자 부동산을 한정하지 않고
	  투자자를 모집하는 리츠
	• Purchasing or Specified Trusts : 특정 부동산을 구입하기 위해 조직된
	  리츠
	• Mixed Trusts : Blank Trusts와 Purchasing Trusts를 혼합한 리츠

레버리지 활용 여부	• Leveraged REITs : 부동산 구입에 부채자금을 활용한 리츠 • Unleveraged REITs : 부채자금을 활용하지 않은 리츠
존속기한 존재 여부	• Finite-Life REITs : 존속기한이 정해진 리츠 • Nonfinite-Life REITs : 존속 기한이 정해지지 않고 무기한 운영되는 리츠
환매가능 여부	• Closed-End REITs : 투자금의 환매가 불가능한 리츠 • Open-End REITs : 투자금의 환매가 가능한 리츠

＊ 자료 : Brueggeman and Fisher(1997)

리츠, 집중형 리츠와 분산형 리츠로 구분하는 방법을 들 수 있다.

　이런 분류 방식을 보다 자세히 살펴보면, 시장에서 투자자에게 손짓하는 많은 리츠가 기본적으로 어떤 수익구조와 위험요인을 가지고 있는지 쉽게 이해할 수 있게 된다.

이퀴티 리츠와 모기지 리츠는 어떻게 다른가

• 이퀴티 리츠는 자산이 부동산소유권이고 모기지 리츠는 부동산저당권이다 •

리츠는 투자하는 자산의 법적인 유형에 따라 이퀴티 리츠(Equity REITs, 지분형 리츠)와 모기지 리츠(Mortgage REITs, 대출형 리츠)로 분류할 수 있다. 이퀴티와 모기지에 모두 투자하는 리츠를 하이브리드 리츠(Hybrid REITs, 혼합형 리츠)라고 한다. 이것이 리츠를 분류하는 가장 기본적인 방법이다.

이퀴티 리츠는 부동산소유권이 자산이다. 따라서 소유권에 따르는 권리와 의무를 가지게 되며 주된 수입원은 임대료, 관리비 등이 된다. 모기지 리츠는 부동산저당권이 자산이다. 그러므로 저당권의 기초가 되는 채권에 의거하여 이자를 받게 되는데, 이것이 리츠의 주된 수입원이다.

미국의 경우 이퀴티 리츠가 약 95%를 차지하고 있으며 모기지 리츠는 3.6%, 하이브리드 리츠가 약 1.4%를 차지한다. 그 이유는 다음과 같다.

첫째, 기본적으로 모기지는 이퀴티보다 안전한 대신 수익성이 떨어진다. 부동산 소유자들은 레버리지 효과를 얻을 수 없다면 부채를 안지 않을 것이기 때문에 모기지의 이율은 부동산 자체의 운영수익률보다 낮을 수밖에 없다. 따라서 부동산을 잘 아는 능력 있는 전문가라면 모기지 쪽보다 이퀴티 쪽에 투자하는 것이 당연하다.

둘째, 모기지를 가지고 있는 경우 자신이 부동산을 관리 · 운용 할 수 없기 때문에 부동산 소유자에 비해 각종 정보 부족에 따른 위험을 더 부담해야 한다.

근래 미국에서 모기지 리츠는 리츠가 비과세법인이 되기 위한 필수적인 요건인 소득요건, 즉 리츠는 사업소득이 발생해서는 안 된다는 조건을 만족시키면서 리츠의 투자대상을 확대하는 방법으로 활용

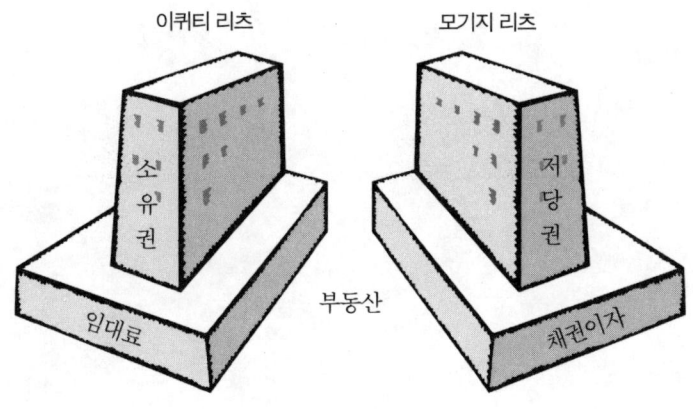

이퀴티 리츠는 자산이 부동산소유권이고 모기지 리츠는 부동산저당권이다.

이퀴티 리츠와 모기지 리츠 ————————————————

	자산	수익원	상대 수익율	상대 위험	미국 시장 점유율
이퀴티 리츠	부동산 소유권	임대료	높다	높다	95%
모기지 리츠	부동산 저당권	이자	낮다	낮다	3.6%

＊부동산소유권과 저당권에 모두 투자하는 하이브리드 리츠(Hybrid REITs)가 약 1.4%를 차지하고 있다.

된다. 의료시설을 리츠화하는 방법으로는 리츠가 의료시설을 산 후 운영법인에 임대해 주거나, 의료시설을 담보로 운영법인에 대출하는 방식이 가능한데 후자와 같은 형식을 취할 경우 모기지 리츠가 되는 것이다.

리츠가 부동산담보대출을 해줄 수 있을까

• 모기지 리츠처럼 부동산담보대출의 수익으로 배당해 주는 상품도 있다 •

리츠가 은행처럼 부동산담보대출을 해줄 수 있을까? 미국에서는 이런 리츠를 바로 모기지 리츠라고 부른다. 모기지 리츠는 부동산을 담보로 대출해 주고 그 이자수입을 배당하는 사업구조를 가지고 있다. 이런 리츠가 우리나라에서도 가능할까?

부동산담보대출금도 부동산으로 인정을 받을 수 있다면 미국과 같이 부동산에 대출해 주는 것을 전문으로 하는 리츠를 만드는 것이 가능할 것이다. 미국에서 부동산담보대출을 해주는 모기지 리츠는 일반적이지 않고 특별한 경우에만 활용된다. 그렇다면 국내에서는 어떨까? 미국과 같이 이쿼티 리츠가 일반화되고 모기지 리츠는 사업소득을 이자소득으로 전환하기 위한 수단으로 쓰일까? 우리의 경우 미국과 달리 리츠가 사업소득을 얻어서는 안 된다는 제한이 엄격하지 않기 때문에 도구로서의 모기지 리츠는 당분간 불필요할 것이다.

리츠와 부동산담보대출

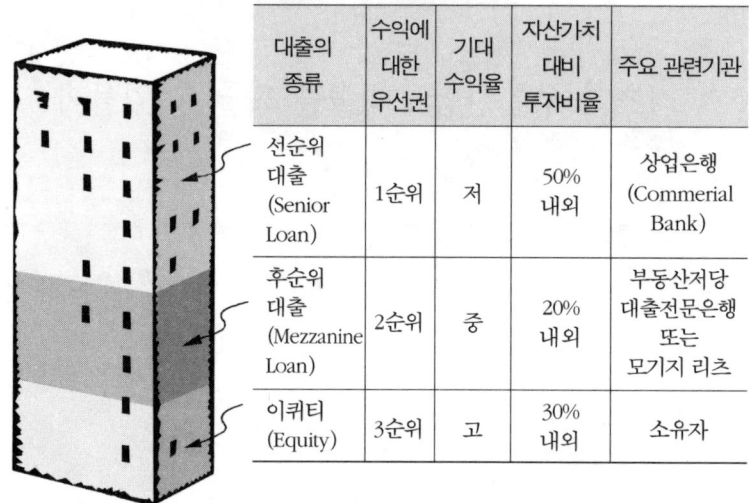

대출의 종류	수익에 대한 우선권	기대 수익율	자산가치 대비 투자비율	주요 관련기관
선순위 대출 (Senior Loan)	1순위	저	50% 내외	상업은행 (Commerial Bank)
후순위 대출 (Mezzanine Loan)	2순위	중	20% 내외	부동산저당 대출전문은행 또는 모기지 리츠
이퀴티 (Equity)	3순위	고	30% 내외	소유자

그러나 국내 은행들이 위험관리 차원에서 부동산담보대출금을 부동산가치대비 50% 이하인 우량대출과 그 이상에 해당하는 대출로 구분하고 이에 따르는 부동산저당권을 선순위, 후순위로 나누어 후순위채에 가산금리를 더해 팔 필요가 있다면 이에 집중투자하는 리츠를 만들 수 있을 것이다.

이런 담보대출은 흔히 메자닌론(Mezzanine Loan)이라고 불리는 것으로 부동산에 대한 전문지식이 있어야 투자할 수 있는 상품이다. 또한 선순위 채권에 비해 금리가 훨씬 높다. 외국에서는 금융기관들도 부동산 관련 전문지식을 갖추고 이런 대출을 하고 있지만, 우리나라의 경우 정확한 분석을 통해 이런 대출을 자신 있게 해줄 금융기관이 별로 없다. 그러므로 리츠가 투자할 기회가 있을 것으로 보인다.

채권형 리츠와 성장형 리츠, 어떤 사람이 투자하는 것이 좋을까

• 안정적인 현금수입이 필요한 사람은 채권형 리츠에, 미래의 큰 수익을 기대하는 사람은 성장형 리츠에 투자하는 것이 좋다 •

미국의 리츠는 배당정책의 선택 폭이 넓다. 회계상 순이익의 90% 이상을 배당하기만 하면 리츠로 인정받을 수 있는 한편 회계상 순이익에 비현금 지출항목, 예를 들어 감가상각비 등을 가산하고 비현금 수입항목을 차감한 운영수익(FFO)의 대부분을 배당할 수도 있기 때문이다. 감가상각비나 이익준비금을 배당할 것인지 하지 않을 것인지에 따라 투자자 입장에서는 배당수익률이 2~3% 이상 달라질 수도 있다. 이와 같은 배당정책에 따라 리츠를 구분할 수 있다.

리츠는 법정규모 이상만 배당하면서 자금을 내부 유보시켜 그 자금을 활용하여 새로운 자산을 추가 취득할 수 있다. 리츠의 자산규모를 키우고 이를 통해 미래의 운영수익을 증대시키는 리츠를 성장형 리츠라고 할 수 있다. 미국에서는 상당수의 리츠가 내부 유보자금뿐

성장형 리츠와 채권형 리츠

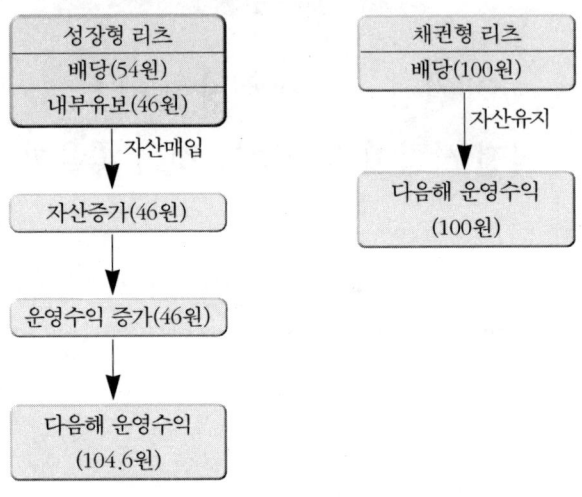

아니라 증자를 통해 마련한 자금으로 자산의 추가매입, 리츠 간 M&A 등을 시도한다. 규모의 경제원칙을 통한 수익성 향상을 기대하는 것이다.

반대로 운영수익의 대부분을 배당하는 리츠도 있는데 이를 채권형 리츠라고 할 수 있다. 채권형 리츠는 투자자가 필요시 자신의 의지대로 배당금을 활용할 수 있도록 해준다. 다른 자산을 매각하지 않고 현금을 활용하고 싶을 경우, 또는 지속적으로 안정적인 현금수입이 필요한 경우 채권형 리츠에 투자하는 것도 좋은 방법이다.

그러면 미국에서는 어떤 리츠가 더 인기가 있을까? 성장형 리츠가 더 인기가 있다. 왜 그럴까? 많은 리츠들을 자세히 비교하고 리츠의

운영수익형 리츠와 자본이익형 리츠

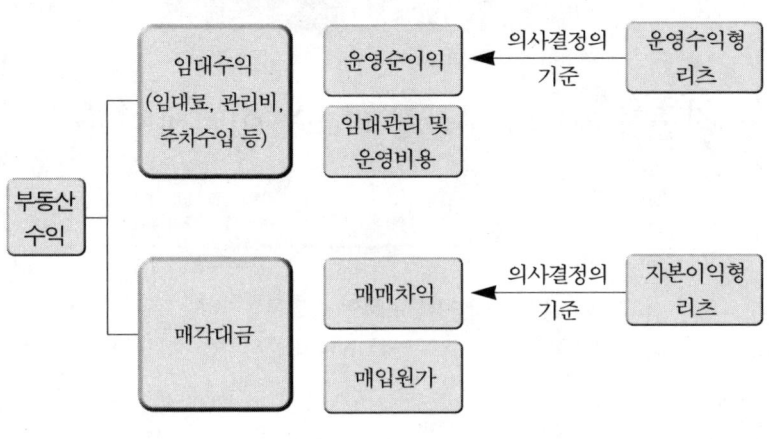

자산구성과 실적, 그리고 리츠 경영진의 능력 등에 대해 면밀히 검토한 후 확신을 가지고 어떤 리츠에 투자했다면, 그 리츠로부터 나오는 배당금도 다시 그 리츠에 투자할 것이다. 배당받은 자금을 다시 그 리츠에 투자할 바에는 아예 배당을 받지 않고 내부 유보하여 운영하도록 하는 것이 유리하다. 배당에 따른 소득세를 낼 필요가 없기 때문이다. 이것이 성장형 리츠가 채권형 리츠보다 선호되는 논리적인 이유이다.

집중형 리츠와 분산형 리츠는 어떻게 다를까

• 집중형 리츠는 한 부동산 유형에 집중투자하는 것이고
분산형 리츠는 다양한 부동산 유형에 투자하는 것이다 •

리츠는 자산구성 전략에 따라 집중형 리츠와 분산형 리츠로 구분할 수 있다. 그리고 자산구성에 있어서 집중한다는 것도 부동산의 유형에 집중하는지, 지역에 집중하는지, 등급에 집중하는지 등으로 나누어 살펴볼 수 있다.

한 부동산 유형에 집중투자할 수도 있고 분산투자할 수도 있는데, 한 부동산 유형에 집중투자하는 경우 운영에 따른 지식과 정보가 풍부해진다. 그리고 전문적인 시스템을 갖출 수 있어 전문화에 따른 이익을 향유할 수 있다. 그러나 그 부동산 유형에 대해 특별히 수요가 감소하거나 공급이 증가할 때의 위험은 피할 수 없게 된다.

미국의 리츠는 대부분 하나의 부동산 유형에 집중투자한다. 분산투자형 리츠는 많지 않을 뿐 아니라 주가도 높은 편이 아니다. 왜냐

집중형 리츠와 분산형 리츠

	집중형	분산형
부동산 유형	전문성 및 효율성 제고 수익성 증가	유형별 경기위험 감소
지역	관리에 있어서 규모의 경제 지역내 임대료 결정권	위치위험 감소
등급	관리의 표준화 및 효율화	임대마케팅 효율성 강화

하면 부동산 유형별로 부동산관리 노하우가 다르고, 임차인 유치를 위해 필요한 네트워크 등이 달라 전문화되어 있는 회사와 그렇지 않은 회사의 효율성이 많이 차이나기 때문이다. 그러나 한 가지 부동산 유형에 집중하는데 따른 위험도 간과할 수 없으므로 꼭 하나의 리츠에만 투자해야 하는가라는 의문도 생긴다. 그러나 일반적으로 부동산 유형에 대해서는 집중하는 것이 더 효율적이라고 하겠다.

지역적으로 집중투자하는 경우, 관리에 있어서 규모의 경제를 실현하고 그 지역에서 가격결정권을 갖게 되는 장점이 있다. 단점은 투자한 지역이 쇠퇴하고 다른 지역이 성장하게 될 경우 위험에 노출된다는 것이다. 물론 지역적으로 분산투자하면 이와 반대의 효과를 얻는다. 한 가지 부동산 유형이라도 동일 등급의 부동산에 집중하는지 다양한 등급의 부동산을 편입하는지에 따라 다를 수 있다. 등급에 따라 임대료가 다르고 임차인의 수준과 관리방법도 다르기 때문에, 하나의 등급에 집중하는 것이 효율적이라고 볼 수도 있고 임대 마케팅 측면에서 다양한 등급을 갖추고 다양한 임차인들을 만족시키는 것이 유리하다고 볼 수도 있다.

구조조정 리츠는 왜 기한부 리츠의 성격을 가질까

• 구조조정 리츠는 일정 시점에 리츠의 모든 자산을 처분하는
청산형 리츠의 본질을 가지고 있기 때문이다 •

기한부(finite) 리츠는 일정 시점에서 리츠의 모든 자산을 처분하여 그 수입을 주주들에게 분배하고 청산하는 청산형 리츠를 말한다. 기한부 리츠는 정관과 사업설명서에 존속기한을 명시하는 방법으로 도입할 수 있다.

기한부 리츠의 장점은 자산가치가 주가에 직접적으로 영향을 미친다는 점이다. 기한부 리츠는 개발사업형 리츠에 적합하며, 일정기간 경과 후 투자원금을 돌려받고 싶어하는 투자자들에게 적당하다.

무기한부 리츠는 파산하지 않는 한 만기가 없는 사채(bond)와 같이 원금을 돌려주지 않는다. 이것은 장래의 배당소득에 기반을 두고 주가가 형성되기 때문에 일반 회사의 주가형성 구조와 별로 다를 바가 없다. 따라서 주식시장 침체기에는 여타 기업의 주식처럼 기본자

산가치보다 할인된 가격으로 거래되는 경우가 많고, 이자율이 상승하면 다른 경쟁상품의 영향을 받아 주가가 하락할 가능성도 크다. 반면 기한부 리츠는 부동산 매각수입이 분배되므로, 주가 지지력이 크고 주식시장의 영향을 적게 받는다.

기한부 리츠의 단점은 리츠가 자산을 처분할 예정 시점에서 부동산가격이 낮을 경우 손해를 볼 수 있다는 점이다. 이 때는 주주총회의 결의를 거쳐 청산 및 재산분배 시점을 연장하여 유리한 청산시기를 선택하는 것이 현명하다.

기한부 리츠는 기본적으로 자산운용회사를 통해 외부 관리를 하는 것이 기본이다. 기한부 리츠는 시장 상황에 따라 계속 생기고 없어지는 것이므로 전문적으로 리츠의 자산을 관리하고 운용하는 자산운용회사가 중심이 된다. 그리고 자산운용회사는 동시에 여러 리츠의 자산을 관리하면서 기술과 경험을 축적할 수 있다.

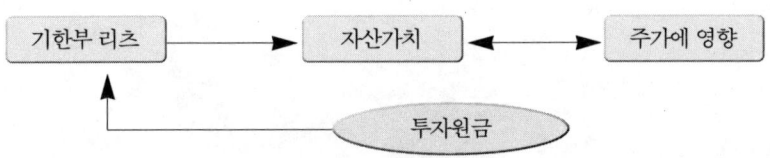

기한부 리츠는 일정기간 경과 후 투자원금을 받을 수 있다는 장점이 있다.
이에 반해 자산처분 시점에 부동산 가격이 낮을 경우에는 손해를 본다는 것이 단점이다.

새롭게 탄생하는 리츠 상품들

경매 리츠란 무엇일까

• 경매나 공매를 통하여 저가에 부동산을 사서 이를
되파는 것으로 수익을 창출하는 리츠이다 •

리츠가 자산을 법원경매나 한국자산관리공사 또는 금융기관 등의 공매를 통해 취득하는 것은 어떨까? 일반매매보다 취득가격을 낮출 수 있기 때문에 리츠 또한 경매나 공매를 통해 자산을 취득하는 방법을 적극적으로 검토할 수 있다. 취득가격이 낮아야 운영에 따른 수익률이 높아지고 향후 자산매각에 따른 자본이익을 얻을 가능성도 커지기 때문이다. 이렇게 부동산 경매나 공매를 통해 저가에 부동산을 사서 이를 되파는 과정을 반복하여 수익을 창출하는 리츠를 생각해 볼 수 있다.

경매 리츠를 구체적으로 살펴보자. 자산 풀(pool)과 관련하여 두 가지 경우를 상정할 수 있다. 수십억 원 하는 물건 몇 개를 낙찰받아 되파는 것과 수천만 원 또는 수억 원 정도의 물건들을 대량으로 낙찰

경매로 자산을 취득할 때의 위험 요소

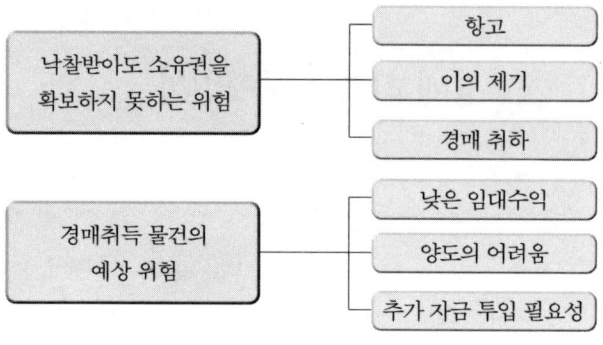

받아 되파는 것을 생각해 볼 수 있다.

전지의 경우 매가이 일정대로 진행되지 않으면 현금배당을 해주기 어렵고 한두 건만 거래가 잘못되어도 큰 손실을 입게 될 위험이 있다. 후자의 경우는 아무래도 일정 수준의 매각은 지속적으로 일어날 것이므로 배당 가능성은 높아지고 개별 거래의 위험이 낮아지는 장점이 있다. 그러나 관리 및 운영비용이 크게 증가할 것이다.

경매 리츠는 기본적으로 취득한 부동산을 되팔아야 수익이 창출되기 때문에 향후 현금흐름이 매우 불확실하다는 문제를 가지고 있다. 또한 요즈음같이 부동산 경매가 대중화되는 상황에서는 되파는 부동산을 살 투자자를 구하기 어려울 것이라는 문제도 있다. 많은 사람들이 자신이 직접 경매에 참여하여 사려고 할 것이기 때문이다.

게다가 경매 또는 공매에 나와 있는 부동산은 취득 후 상당기간 임

경매 리츠 가능할까

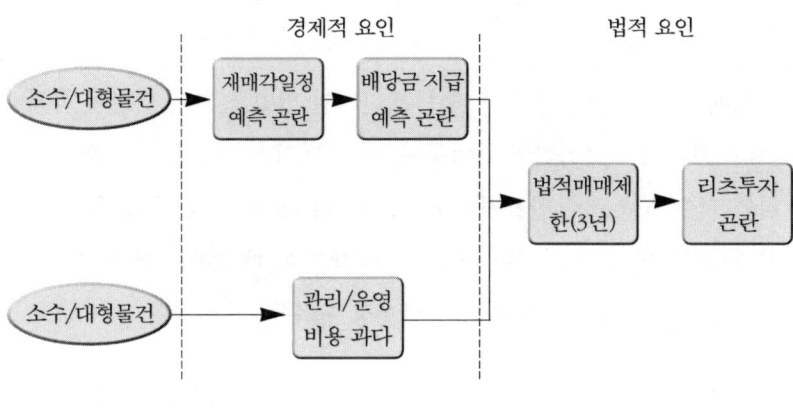

대수익을 제대로 내지 못하는 경우가 많다. 안정적인 수익이 발생하는 부동산이라면 경매 또는 공매까지 가지 않거나, 경매 또는 공매에 붙여졌다 해도 일반투자자들에게 기회가 오기 전에 이해관계자들 사이에서 어떤 식으로든 처리될 가능성이 크기 때문이다.

또 주택을 제외한 부동산 물건은 임차인의 권리가 보호되지 않는다. 따라서 경매를 통해 새로이 물건을 취득한 사람은 큰 손해를 본 임차인들을 내보내야 하는 어려움을 겪을 수 있고, 때문에 상당기간 재임대하거나 영업을 활성화하기 어려운 경우가 있다. 그리고 경매 또는 공매로 나온 부동산은 임차인이 없을 뿐 아니라 관리하지 않고 방치된 경우도 많다. 이 경우 자금을 추가 투입하여 수선하거나 리모델링한 후 임대해야 하는 위험이 있다.

이와 더불어 낙찰을 받은 경우에도 배당 전까지 항고, 이의제기, 경매취하 등의 사유로 부동산소유권을 확보하지 못하는 예상하기 어려운 위험도 있다.

경매 리츠는 관련 정보가 매우 제한되어 있고 절차나 방법이 복잡하다. 따라서 전문가만이 참여할 수 있는 어려운 상황이 아니라면 하나의 리츠 상품으로 만들기 어려울 것이다. 물론 우리나라의 부동산투자회사법이 취득한 부동산을 일정기간 내에 매도하는 것을 금한다면 자본이익을 추구하는 리츠는 사실상 어려울 전망이다.

호텔 리츠는 어떻게 수익을 올릴까

• 호텔 리츠는 일반적으로 부동산으로서 호텔을 소유하면서
이를 호텔 운영자에세 임대해 주고 임대료 수익을 올린다 •

세계적으로 유명한 여러 호텔체인을 소유한 '스타우드'라는 회사가 리츠였을 정도로, 매력적인 수익을 창출하는 호텔은 지속적으로 리츠의 관심 대상이 되어 왔다. 그러나 미국에서는 리츠의 수익이 임대료 또는 이자와 같이 영업활동을 통해 거둔 수익이 아니어야 한다는 원칙이 있기 때문에 리츠가 직접 호텔을 경영하기는 현실적으로 어렵다.

리츠가 직접 호텔업을 한다면 면세법인인 리츠가 소유, 운영하는 호텔과 법인세를 부담하는 일반법인 호텔 사이에 공정한 경쟁을 할 수 없기 때문이다. 따라서 호텔 리츠는 일반적으로 부동산으로서 호텔을 소유하면서 이를 호텔 운영자에게 임대해 주고 임대료를 받는 형식을 취한다.

호텔과 같이 수익을 창출하기 위해 매우 전문적인 운영 노하우가 필요한 경우, 운영자와 소유자가 일치하지 않을 때에는 여러 가지 문제가 생긴다. 동네 중국 음식점을 예로 들어 보자. 주방장이 마음에 들지 않아도 주인이 요리를 잘하지 못하거나 다른 주방장을 쉽게 구할 수 없다면 오히려 주방장에게 끌려다니는 문제가 생길 수 있다는 말이다.

동네 중국 음식점이 그러한데 서비스업의 꽃이라는 호텔은 말할 필요도 없다. 미국에서는 리츠가 호텔을 직접 운영하지 않으면서 소유할 때 발생하는 이해상충의 문제를 해결하기 위해 리츠 주식과 운영회사 주식을 묶어서 파는 등의 여러 가지 기법이 동원되기도 한다. 또한 호텔 운영수익을 효율적으로 리츠의 임대료수익으로 전환하기

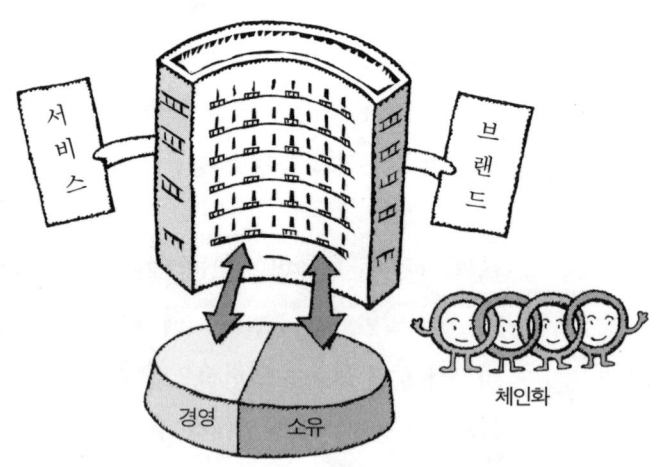

호텔은 서비스와 브랜드가 생명이다. 리츠는 호텔업도 변화시킨다.

위해 임대료가 수익에 연동되는 임대차 계약 등 여러 가지 방법이 모색되었다.

호텔업은 기본적으로 서비스업으로 브랜드와 서비스의 질이 점점 더 중요해지고 있다. 이제 우리나라의 호텔도 대부분 세계적인 체인과 제휴하여 비용을 지불하거나 운영을 위탁하고 있는 실정이다.

호텔업에 있어서도 후발주자인 우리의 경우 소유하지 않으면 호텔을 운영할 방법이 없었다. 하나의 호텔을 운영하기 위해 엄청난 자금을 투입하여 호텔을 지을 수밖에 없었다는 이야기다. 그러나 이제 리츠를 활용하여 대규모 자본의 투자 없이도 호텔을 운영할 수 있게 되었다.

미국과 달리 아직 리츠의 소득요건에 대해 큰 제한이 없다는 점을 잘 활용하면 우리나라 호텔업이 변화하는 계기가 될 수 있을 것이다. 이제 당신이 세계적인 수준의 호텔 운영능력을 가지고 있고 투자자의 신뢰를 얻을 수 있다면 세계적인 호텔 브랜드를 만들 수도 있는 것이다.

판매시설 리츠는 왜 유리할까

• 자산을 리츠에 팔고 다시 임대를 받는 형식으로 새로운 점포를 임차
함으로써 유통망을 확대하여 '규모의 경제' 효과를 얻을 수 있다 •

판매시설은 업무용 빌딩, 임대주택과 더불어 리츠의 전통적인 투자대상이다. 수많은 임대매장을 가진 소위 쇼핑센터뿐 아니라, 백화점이나 할인점, 이런 것들이 모두 포함된 대형 쇼핑몰도 리츠의 주요한 투자대상이다. 판매시설은 지역 소매상가, 전문상가, 할인점, 백화점, 쇼핑몰 등 다양한 업태가 있으며, 업태 내의 경쟁뿐 아니라 업태간 경쟁도 치열하다. 따라서 고객의 욕구를 만족시키기 위한 꾸준한 노력이 필요하며 끊임없는 변신이 요구된다.

자동차 시대와 대도시 주민들의 생활패턴을 정확히 읽고 할인점이라는 새로운 업태를 만들어 낸 월마트와 같이, 소비자욕구에 민감하게 반응하며 변화하지 않으면 생존하기 어려운 것이 판매시설이다. 판매시설의 경우 전체적인 매장의 특성을 만들어 인지도와 흡인력을

강화하고 소비자의 욕구 변화에 따라 매장구성 등을 적절히 변화시켜 나가는 것이 중요하다.

우리나라는 대부분의 상가가 분양되어 수십, 수백 명의 소유자가 다시 임대를 하고 있는 실정이다. 따라서 소유자간 의견조정이 쉽지 않아 전체적으로 매장의 특성을 갖추거나 변화에 대처하기가 어렵다는 문제가 있다. 리츠가 활성화되면 리츠가 소유하고 운영하면서 전체 매장을 임대하는 판매시설이 증가할 것이다. 또한 매장 활성화에 따른 수익을 리츠의 수익으로 바로 연결시키는 한편, 임차인의 리스크 또한 줄이기 위해 월 임대료가 아닌 매출액에 연동되는 임차료를 지불하는 형태가 증가할 것이다.

중요한 것은 유통업체의 유통망 확대가 빨라진다는 점이다. 부동산의 소유보다는 유통망 확대에 더 관심이 있는 업체들은 자산을 리츠에 팔고 다시 임대를 받는 Sale & Lease Back 방식으로 회사의 유동성을 증가시키고, 이를 활용하여 새로운 점포를 임차함으로써 빠른 속도로 유통망을 확대하여 '규모의 경제' 효과를 얻을 수 있다.

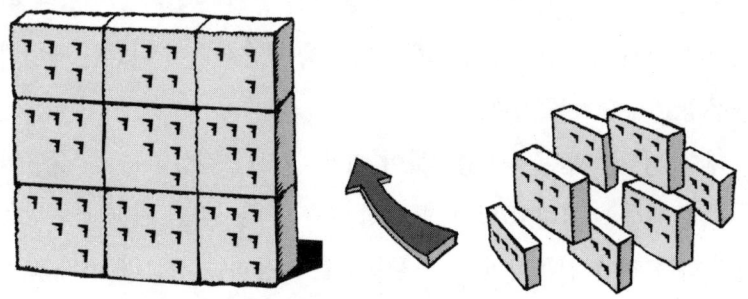

리츠가 활성화되면 리츠가 전체 매장을 임대 운영하는 판매시설이 늘어난다.

창고도 리츠가 유리할까

• 창고가 리츠를 통해 전국적인 네트워크와 전문적인 시스템을 구축하게
되면 개별회사뿐 아니라 국가적으로도 물류비용을 대폭 절감할 수 있다 •

창고와 같은 산업시설들도 리츠의 투자대상이 될 수 있다. 부두 또
는 공항 옆의 창고, 소비지와 연결하는 거점에 위치한 물류창고 등
창고에 대한 수요가 증가하고 있다. 유통구조가 단순해지면서 과거
여러 단계의 도매상이나 소매상의 창고에 보관되던 상품의 양이 줄
어들었기 때문이다. 그리고 인터넷을 통한 물건 구입이 늘어남에 따
라 유통단계가 생산자에서 고객으로 더욱 단순화되어 다양한 형태의
물류창고 수요가 증가할 것이다.

대형 생산업체와 유통업체들이 자체 창고를 건설하는 등 물류망
확충을 위해 노력하고 있다. 특별한 경우가 아니라면 자체 물류망을
구축하는 것이 전문적인 공동 물류망을 이용하는 것보다 비싸고 비
효율적이다. 생산업체나 유통업체 또는 물류만 전문으로 하는 업체

도 부두, 공항 근처는 물론이고 전국적인 망을 갖춘 전문 창고업체를 이용하는 것이 효율적이다.

창고업이 리츠를 통한 자본투자로 전문화되고 대형화되면 운수업도 같이 전문화될 수 있다. 대형 창고회사와 운수회사가 정보를 교환해가면서 상호 시스템개선 및 비용절감 효과를 얻을 수 있기 때문이다. 그리고 창고가 전국적인 네트워크와 전문적인 시스템을 구축하게 되면, 개별 회사뿐 아니라 국가적으로도 물류비용을 대폭 절감할 수 있게 된다.

또 창고와 관련하여 관심을 가질 수 있는 것은 개인을 위한 소규모 창고업의 가능성이다. 재개발, 재건축이 활발해지고 임대 활성화로 이주가 잦아지면 외국처럼 주거단지 인근에 개인을 위해 소규모 창고를 임대해주는 사업이 가능해질 수도 있다.

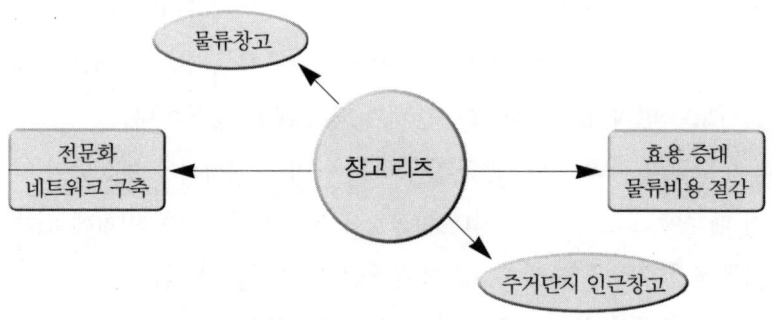

재개발, 재건축이 활발해지고 임대 활성화로 이주가 잦아지면
주거단지 인근 창고에 대한 관심도 높아진다.

공장 리츠는 왜 수익율이 높을까

• 공장 리츠는 수요자를 찾는데 업주용 빌딩이나 주택보다 시간이
더 걸리기 때문에 일반적으로 기대수익률이 높다 •

공장도 리츠의 투자대상이 될 수 있다. 물론 리츠의 투자대상이 될
수 있는 공장은 반도체공장과 같은 특수시설 공장은 아니다. 그런 공
장을 임대하여 사용할 사람은 없을 것이기 때문이다. 리츠가 투자할
수 있는 공장은 일반적인 설비나 기술을 활용하는 것으로, 소유하지
않아도 사업자 입장에서 크게 문제가 되지 않는 공장이다.

수도권의 각종 공단 내 공장의 경우 이미 임대시세가 형성되어 있
기 때문에, 리츠는 이런 임대용 공장에 투자할 수 있다. 인천에 있는
남동공단의 경우 공장 수요자가 줄을 서서 기다리고 있는 실정이다.

리츠가 투자하는 공장의 경우 새로 제조업을 하거나 소규모 제조
회사를 운영하는 사람에게 임대를 해야 하고, 수요자를 찾는 데 업무
용 빌딩이나 주택보다 시간이 더 걸릴 수 있다. 그러므로 일반적으로

기대수익률이 다른 부동산에 비해 높다. 공장에 투자할 때 특히 주의해야 할 점은 폐기물과 폐기물에 의한 환경오염 문제이다. 예를 들어 토양이 오염된 공장을 모르고 산 경우, 토양 오염을 복구하는 데 드는 비용이 공장 매입비용보다 많을 수도 있다. 따라서 공장을 매입할 때는 반드시 과거 그 공장의 용도를 확인해 보고, 관련 전문가가 실사를 하도록 해야 한다. 그래서 특정 폐기물이 적치되어 있다면 그 처리방법과 비용을 반드시 사전에 확인해야 한다.

공장에 투자하는 경우, 공업지역이 다른 지역으로 변경되면 의외의 수익을 올릴 수도 있다. 물론 이와 같은 자본이익을 노리고 투자하는 것은 위험한 일이지만, 장기 투자자라면 공장의 입지와 주변 여건을 잘 살펴 지역의 변화 가능성에 투자하는 것도 한 방법이다.

리츠가 공장에 투자할 경우에는 제조회사 운영자에게 임대해야 하는 어려움이 있으므로, 다른 부동산보다 기대수익률이 높다.

의료시설도 리츠가 가능할까

• 미국과 같이 의료 시스템도 시장경제의 논리를
따르는 나라에서는 활성화될 수 있다 •

병원도 리츠의 투자대상이 될 수 있다. 병원과 같은 의료시설은 전문성이 없으면 운영하기 어려울 뿐 아니라, 타용도로 전환하여 사용하기도 매우 어렵다. 그래서 리츠가 투자하기 어려운 분야이다. 대형 종합병원의 경우 그 나라의 의료정책에 따라 수익성과 관계없이 보조금으로 운영되기도 하기 때문에 일반적으로 리츠가 투자할 수 있는 대상이라고 하기는 어렵다.

그러나 건강에 대한 관심 증가와 점증하는 스트레스, 환경오염 등으로 의료수요가 앞으로 크게 증가할 것을 고려하면 의료시설은 리츠의 좋은 투자대상이 될 수 있다. 게다가 의료시설의 수요증가에 맞춰 공급을 활성화하는 사회적 기능을 담당할 수도 있다.

의료시설 리츠는 일반적으로 모기지 리츠의 형식을 취한다. 아무래도 병원에 대한 투자는 위험이 크기 때문에, 리츠도 부동산을 소유하면서 임대료를 받는 구조보다는 담보대출의 형식을 빌려 전체 투자비의 일부를 선순위대출하는 형태로 위험을 회피하는 것이다.

우리나라의 경우 대형 종합병원은 나라의 의료정책 및 의료보험제도와 밀접하게 연관되어 있기 때문에 리츠의 투자가 쉽지 않을 것이다. 그리고 개인의원이나 소규모 개인병원은 일반 금융기관에서도 담보부대출을 적극적으로 하고 있기 때문에 리츠의 필요성이 크지 않다.

의료시설 리츠는 의료시스템도 시장경제의 논리를 따르는 미국과 같은 나라에서는 활성화될 수 있을 것으로 보인다.

부실채권도 리츠가 될 수 있을까

• 부실채권을 담보로 발행된 ABS 또한 유가증권에 포함되므로
기대 수익률에 따라 부실채권에 투자가 가능하다 •

부실채권이란 금융기관이 대출을 해주고 갖고 있는 채권 중 채무 변제가 잘 이루어지지 않는 채권을 의미한다. 이것을 NPL(Non Performing Loan)이라고도 한다.

1998년부터 Lone Star, Goldman Sachs, Leman Brothers, Deutsch Bank, Morgan Stanley 등의 회사는 대략 6조 원이 훨씬 넘는 돈을 부실채권에 투자했다. 이들 투자펀드나 투자은행 등은 한국 자산관리공사나 국내 금융기관 등으로부터 부실채권을 할인받아 인수한 후, 채무자 자진변제(Voluntary Repayment), 채권 재매각(Loan Sale), 법원경매를 통한 배당, 법원경매에서 상계유입 후 부동산 매각 등의 형태로 채권을 처리하여 수익을 올리고 있다.

보통 외국계 투자펀드가 부실채권에 투자하는 경우, 인수한 부실

채권을 보통 3년 내에 처리하여 투자원금 및 수익을 회수하는 것으로 계획을 세운다. 그러나 실질적으로 이 기간 안에 100% 처리하는 것은 힘들다.

또한 펀드나 투자은행의 투자금액의 일부는 타인 자금인 관계로, 부실채권 처리기간이 길어질수록 수익률이 떨어진다. 그래서 향후 정산시 최초 예상한 기대수익률을 만족할 것인지가 의문시되고 있다.

부실채권 투자펀드는 처분되지 않은 부실채권 중 일부를 묶어서 누군가가 구입해 준다면 할인을 해서라도 팔고 싶을 것이다. 이 시점에서 리츠는 부실채권 투자펀드의 탈출구 역할을 할 수도 있다.

법률상 리츠는 자기 자산의 30% 범위 내에서 유가증권 등에 투자할 수 있고, 부실채권을 담보로 발행된 ABS 또한 이러한 유가증권에 포함되기 때문이다. 그러므로 리츠가 요구하는 수익률만 충족된다면 부실채권 투자펀드와 리츠간의 거래를 예상할 수 있다.

여기에는 부실채권 펀드가 갖고 있던 ABS를 리츠가 인수하는 방법과, 부실채권 펀드가 인수한 채권 pool 중 처리되지 않은 자산을 담보로 새로운 ABS를 발행하고 이를 리츠가 인수하는 방법이 있다.

그리고 리츠가 부실채권을 처리할 수 있는 능력을 보유하고 있다면, 한국자산관리공사나 국내 금융기관이 보유하고 있는 부실채권에 직접 투자하여 수익을 올릴 수도 있다.

부실채권투자는 투자자금 회수기간이 길고 손실 위험이 크며 처리에 전문성이 필요해 리츠의 투자대상으로 적합하지 않다는 의견도 있다. 그러나 새로운 Deal Structure 등을 통해 보완할 수도 있을 것이다.

리츠가 개발사업에도 참여할 수 있을까

• 개발 과정이 투명해지고 기존 부동산가격이 매우 높아 개발에 따른
이익이 확실할 때 리츠도 개발사업에 참여할 수 있다 •

기본적으로 개발사업은 내부적으로 갖고 있는 다양한 위험 때문에
장기적으로 안정적인 투자수익을 원하는 대부분의 리츠 투자자들의
욕구를 만족시키기 어렵다.

개발사업은 건설기간 중 자금은 지속적으로 지출되면서 수익은 발
생하지 않는다는 근본적인 문제가 있다. 개발사업자는 이 기간 중 다
양한 위험에 노출될 수밖에 없는데, 시공사 부도로 공기가 지연되는
것은 그 한 예에 불과하다. 또 개발사업이 완료되더라도 빈 건물에
임차인들을 채우는 문제가 남는다. 공급이 크게 부족한 상황이 아니
라면 상당기간에 걸쳐 주변에 비해 싼 임대료를 제시해야 임차인들
을 구할 수 있다. 새로운 임차인을 끌어오는 것이 기존 임차인을 지
키는 것보다 훨씬 어렵기 때문이다.

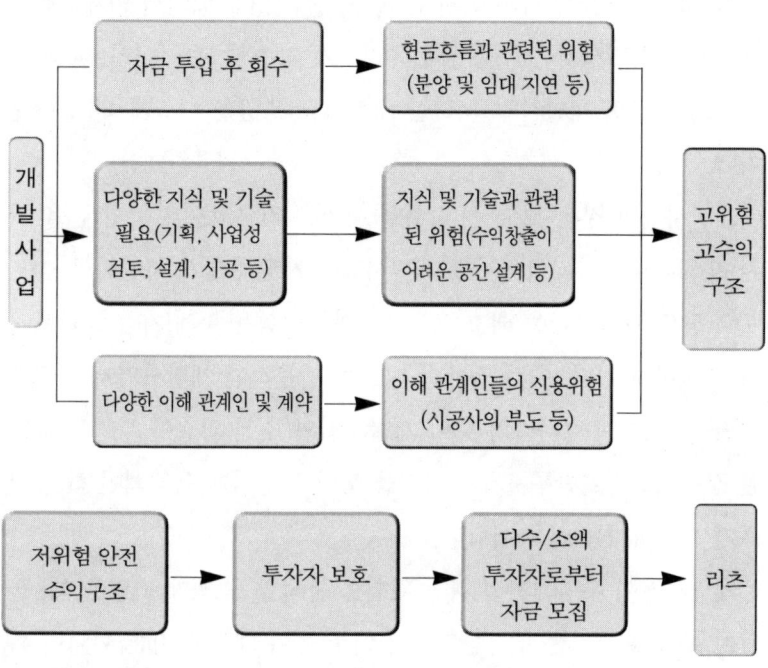

혹자는 우리나라는 선분양이 관행화되어 있어 자기 돈은 거의 들이지 않고 큰돈을 벌 수 있는 것이 개발사업이기 때문에, 리츠도 개발사업을 해야 고수익을 올릴 수 있다고 주장한다. 그러나 선분양도 고도성장기에 수요가 공급을 초과할 때나 가능한 이야기다. 1990년대 이후 성장속도가 크게 둔화되고 개발도 어느 정도 완료되어 수요가 감소한 상황에서 선분양이 쉽게 성공할 것으로 믿는 것은 매우 위험한 발상이다.

부동산투자회사법의 직접적인 규제가 아니더라도 기본적으로 리츠가 개발사업을 하기는 쉽지 않도록 되어 있다. 법인세 면제혜택이 운영수익이 발생하는 부동산에 유리하게 작용할 뿐 아니라, 90% 이상 배당요건도 개발사업을 위한 내부자금 조달을 어렵게 하기 때문이다.

개발사업과 같은 고수익, 고위험 사업은 기본적으로 자기 돈을 가지고 해야 한다. 외국에서도 개발사업은 사업주체가 사업비의 30~40% 정도 자기자금을 대고 프로젝트파이낸싱을 통해 자금을 확보하여 추진하게 된다. 이런 점에서 리츠는 전문적인 개발사업자가 되기 어렵다. 특히 우리나라와 같이 개발사업의 추진 과정이 투명하지 않은 경우, 소액 일반투자자의 자금을 모아 투명하게 운영해야 하는 리츠가 투자하기는 더욱 어렵다.

개발과정이 투명해져서 각종 위험을 분석할 수 있게 되었을 때, 공급이 부족하고 기존 부동산가격이 너무 높아 개발에 따른 이익이 확실할 때 리츠가 개발사업에 참여해도 늦지 않을 것이다.

리츠 회사의
운영 전략

REITsREITsREITsREITsREITsREITsREITsR

리츠는 어떤 부동산에 투자할까

• 리츠는 어떤 부동산에도 투자할 수 있다. 그러나 그 부동산이
어떤 위험과 수익구조를 가지고 있는가를 먼저 판단해야 한다 •

어떤 부동산에 투자할 것인지 결정하기 위해서는 산업경기, 물가, 환율 등 제반 경제변수와 개별 부동산이 속하는 해당 업종 내지 수요층에 대한 치밀한 분석이 선행되어야 한다. 다른 재화와 마찬가지로 부동산에서 나오는 수입 역시 여타의 경제변수와 밀접한 관련성이 있다. 1960~1980년대의 부동산가격 무차별 상승의 배후에는 연 10%가 넘는 높은 경제성장률과 그로 인한 지속적인 부동산수요의 증가가 있었다. 그러나 낮은 경제성장률과 저금리, 부동산가격의 차별화 현상이 일반화된 오늘날에는 어떤 분야의 부동산에 투자하는가가 리츠의 투자수익률을 좌우하는 일차적인 판단기준이 될 것이다.

리츠가 투자할 수 없도록 규제된 부동산은 없다. 다시 말해 리츠는 어떤 부동산에도 투자할 수 있다. 실제로 미국에서는 업무용 빌딩, 임

부동산 유형별 주요 투자정보 ───────────

부동산 유형	투자정보	부동산 유형	투자정보
나대지	개발가능성 여부 미래의 예상 현금흐름	다가구 주거시설	관리능력 임차인의 구성 회전율, 건축경과연도
호텔/모텔	체인가입 여부 특정고객 지향 여부	매뉴팩처링 하우징	거주자 회전율 자본지출 요건
자가저장센터	단기 리스의 특징, 관리능력이 중요, 주요 고객의 질	산업용 부동산	산업기반시설 수준 단일 테넌트의 질
쇼핑센터 (인근, 커뮤니티, 파워센터)	소비자 기호 변화에 대한 대처능력, 앵커테넌트의 질, 경쟁심화	지역 몰	주요 앵커테넌트의 질, 시장 점유율, 소비자 기호 변화에 대한 대처 능력
CBD 사무실/ 교외사무실	경제환경에 크게 의존, 대체 가치와의 비교, 수요와 공급에 의존, 장기 리스 조건	상업용 순 리스	테넌트의 질, 현행 임대조건, 부동산 운용상의 위험, 시장 공실율/흡수율, 건설활동

＊ 자료: Mullaney, John A.(1997)

대주택, 대형 쇼핑몰에서 지역 쇼핑센터까지의 판매시설, 창고, 호텔 및 숙박시설, 의료시설, 심지어는 교도소까지 리츠의 투자대상이 되고 있다. 수익이 발생하는 어떤 부동산에도 투자할 수 있다는 것이다.

투자에 대한 규제는 없다고 해도 더 적극적으로 어떤 부동산에 투자하는 것이 좋을까라는 의문은 여전히 남는다. 어떤 사람은 업무용 빌딩에 투자하는 리츠를 만들어 투자하라고 하고, 어떤 사람은 호텔에 투자해야 큰 수익을 낸다고 한다. 물론 여기에는 정답이 없다. 왜냐하면 시장이 정상적으로 작동할 경우, 어떤 유형의 부동산에 투자하든 그 유형의 부동산이 갖는 위험을 감안한 적절한 수준의 수익을 낼 것이기 때문이다. 미국의 경우 부동산 유형별로 시장에서 형성된 평균적인 기대수익률이 있다. 예를 들어, 호텔은 일반적으로 12% 이

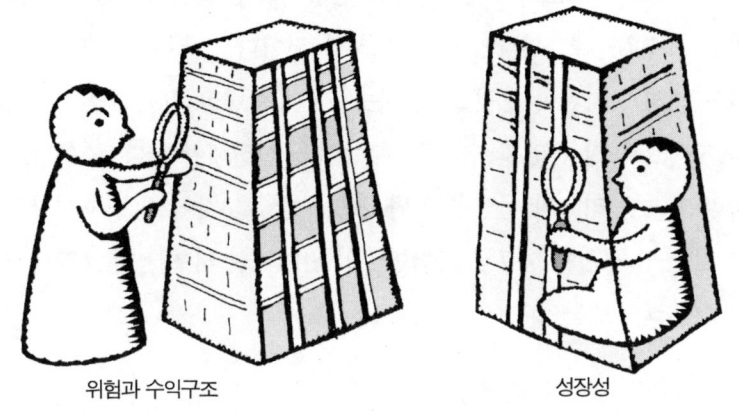

위험과 수익구조   성장성

상의 수익이 예상되어야 투자를 하는데 반해 업무용 빌딩은 10%의 수익률이면 투자할 수도 있다.

왜 다른 것일까? 호텔은 전문화된 운영시스템이 필요하고 운영 노하우가 실적에 큰 영향을 주므로, 운영에 따른 위험이 업무용 빌딩보다 높기 때문이다. 이런 위험을 고려하여 시장참여자들이 12% 수익률의 호텔과 10% 수익률의 업무용 빌딩의 투자매력을 비슷하게 판단 한다는 것이다. 어떤 부동산에 투자하느냐가 아니라, 그 투자가 어떤 위험과 수익구조를 가지고 있는지가 핵심이다. 또한 투자대상 부동산의 성장성도 중요한 고려대상이 된다.

가장 간단한 업무용 빌딩의 예를 들어 보자. 매입하는 시점에서 볼 때 임대료에 근거한 투자수익률이 우량 회사채의 수익률이나 정기예금의 수익률보다 높고, 향후 그 지역의 업무용 빌딩에 대한 수요가 안정적으로 증가할 것이라고 판단되면 투자하는 것이다.

　리츠를 운영하고자 하는 사람의 입장에서는 어떨까? 마찬가지로 위험과 수익구조, 성장성 등을 고려할 것이다. 그리고 이에 덧붙여 리츠 운영자 자신이 무엇을 잘하는지가 매우 중요하다. 자신의 경험과 지식으로 잘 운영할 수 있는 부동산을 선정해야 한다. 호텔 전문가라면 호텔 리츠의 운영을 보다 잘할 수 있을 것이고, 판매시설 개발 및 운영 경험이 풍부한 사람이라면 판매시설 리츠를 잘 운영할 가능성이 크기 때문이다.

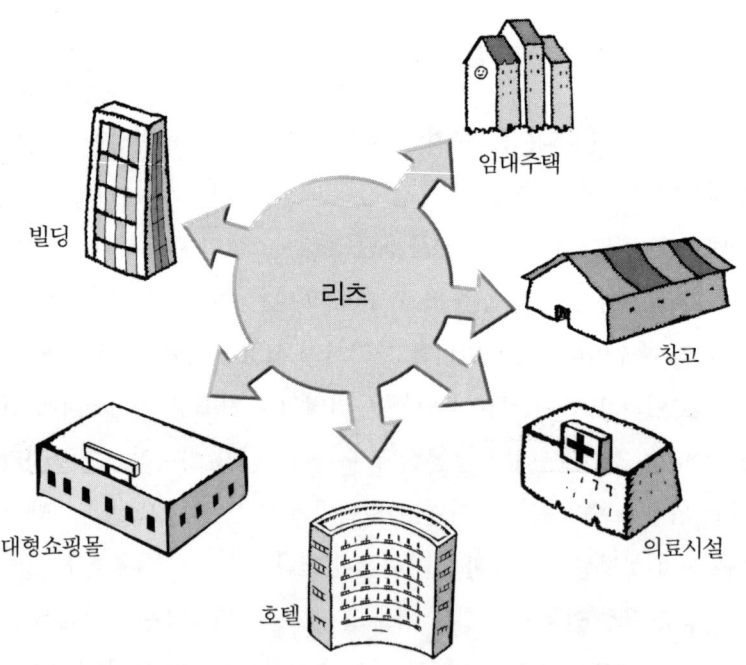

리츠는 어떤 부동산에도 투자할 수 있다. 그러나 어떤 부동산에 투자하느냐보다, 어떤 위험과 수익구조를 가지고 있는가를 판단해야 한다.

리츠는 어떻게 부동산을 매입할까

• 일반 부동산 취득절차와 비슷하지만 합리적인
협상과 치밀한 실사를 거친다 •

리츠가 부동산을 매입할 때는 어떤 절차를 따를까? 일반 부동산 취득절차와 비슷하지만 과거 우리나라의 부동산 거래관행과는 다르다. 일반적으로 리츠가 부동산을 매입하는 절차는 다음과 같다.

1) 매도의사가 있는 부동산에 대한 정보를 수집한다. 리츠는 부동산과 관련된 정확한 정보를 빨리 얻을 수 있는 네트워크를 가지고 있어야 한다.

2) 매도희망자와 접촉하여 관련 정보를 제공받는다. 이때 이 자료를 다른 용도로는 사용하지 않을 것을 약속하는 일종의 비밀유지각서 같은 것을 쓴다.

3) 제공받은 정보와 여건 등을 조사, 분석하여 투자자 입장에서 부동산가치평가를 한다. 이것은 투자수익률과 성장성에 초점을

맞춘 평가로 일반적인 감정평가와는 그 성격이 조금 다르다.

4) 부동산평가에 기초하여 거래조건과 매입금액을 밝힌 매입의향서(LOI)를 제출한다.

5) 매도희망자는 제출된 매입의향서 중 조건이 좋은 상대를 선정하여 양해각서(MOU) 체결을 위한 구체적인 협상에 들어간다.

6) 의견이 조정되면 양해각서를 체결하고 실사에 들어간다. 양해각서의 주요 내용은 조정된 거래조건 및 거래금액과 실사에 대한 내용이다. 양해각서를 체결하면, 매도희망자는 그 거래가 깨어지기 전까지 제3자와 거래를 해서는 안 된다. 매입희망자가 실사 비용을 부담하기 때문이다. 실사는 크게 세 분야로 나눌 수 있다. 제반권리의 유무확인, 부동산의 가격산정에 활용된 자료, 즉 면적이나 임대료 관련 근거 자료의 확인, 건물의 물리적 상태 조사가 그것이다. 건물의 물리적 상태를 조사하기 위해서는 일반적으로 건축 엔지니어링업체를 활용한다. 전문가들이 2~3주간 꼼꼼히 건물을 실사하여 보고서를 제출하면, 여기에 근거해 매도희망자와 협상을 한다. 실사비용으로만 보통 2, 3000만 원 이상 소요되지만, 잘 조사하면 건물가격에서 수억 원을 감액할 수도 있기 때문에 용역비용을 아끼는 것은 어리석은 일이다.

7) 실사 결과 양해각서 체결 당시와 달라지는 내용이 있으면 이를 반영하여 거래금액을 재조정한다. 예를 들어 임대면적이 축소된다든지, 임대금액이 다르다든지, 수선을 해야 할 설비가 있는 경우가 그러하다. 일반적으로 실사를 통해 금액이 삭감된다. 건물의 물리적 상태를 확인하면서 고장난 소방설비나 하다못해

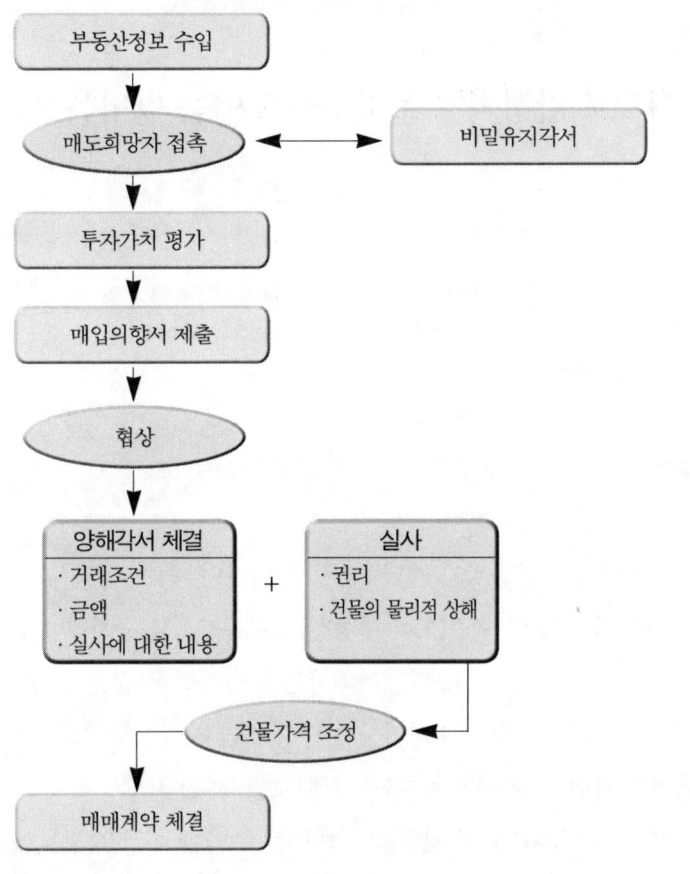

못쓰는 전등까지 확인하기 때문이다.

8) 실사가 끝나면 양해각서에 정한 금액에서 실사 과정에서 양측이 합의한 금액을 차감하여 정식 부동산매매계약을 체결하고 계약금을 낸다.

리츠로 안정적인 운영수익을 얻는 방법은 없을까

• 매입 금액, 임차인 구성, 임대계약 조건 등이
안정적인 운영수익을 얻는 열쇠이다 •

　　투자자들이 안정적인 배당수익을 원한다면, 리츠 운영자는 안정적인 수익을 창출할 수 있도록 부동산 포트폴리오를 구성해야 한다. 당장 실현되지 않고 서류에만 기재되는 자산가치 상승은 운영자를 지켜줄 수 없을 것이다. 투자자들은 당장 현금을 벌어들이라고 말한다. 어떻게 하면 안정적인 운영수익을 확보할 수 있을까?

　　먼저 시장 임대료에 기초해 기대하는 수익률 이상을 확보할 수 있는 가격으로 부동산을 매입해야 한다. 금리가 10%이고 연간 순수익이 10원 발생하는 오피스빌딩이라면 100원 이하의 가격으로 부동산을 사야 한다. 이런 단순한 일도 꼼꼼히 하다보면 상당히 어렵다.

　　첫째, 연간 순수익이 안정적으로 10원 이상 나올지 그 오피스의 과거 자료를 면밀히 검토해야 한다. 최근 갑자기 임대료가 오른 것은 아닌자, 임대료 추이가 왜 그런지 확인하고 이해해야 한다.

둘째, 인근 오피스들의 수익을 검토하여 서로 비교해 보아야 한다. 비슷한 인근 오피스의 연간 순수익이 8원이라면 향후 이 오피스도 10원의 수익을 얻지 못할 가능성이 크다. 임차인들이 옮겨갈 것이기 때문이다.

셋째, 그 지역의 오피스 수요, 공급을 면밀히 검토해야 한다. 그리고 보다 광역적인 오피스의 수요, 공급도 검토해야 한다. 수요, 공급에 따라 가격이 변한다는 경제학의 기본원리는 누구도 피할 수 없다.

좋은 임차인을 확보하고 임차인 구성도 잘해야 한다. 특히 부동산의 상당부분을 임차하는 주요 임차인의 신용도는 매우 중요하다. 주요 임차인이 임대료를 내지 못하거나 이전하는 경우, 현금흐름에 큰 영향을 주기 때문이다. 그래서 몇몇 대형 임차인으로만 구성된 경우도 위험이 크다고 할 수 있다. 임차인 구성에 있어서도 위험분산이 필요하다는 것이다.

일반적으로 좋은 임차인은 신용이 좋고 이전에 따르는 유형 무형의 비용이 많이 드는 경우라고 하겠다. 입주하면서 많은 비용을 들여서 각종 시설을 한 경우, 또는 주소 이전에 따른 번거로움이 큰 경우이다. 각국 대사관이나, 금융기관, 전산센터 등이 좋은 임차인으로 꼽힌다.

책임임대(Master Lease)방식으로 현금흐름을 안정시킬 수도 있다. 부동산의 전 소유자 또는 주요 임차인이 부동산 전체를 일정기간 동안 임차하고, 자신이 사용하지 않는 부분은 전대하는 방식이다. 이때 리츠는 공실 위험과 임대료 하락 위험을 상당부분 회피할 수 있다.

공실이 발생하거나 임대료가 하락해도 임차인이 그 부담을 알기 때문이다. 이 경우 임차인의 신용이 현금흐름의 안정성을 확인하는 중요한 기준이 되지만, 어쨌든 책임임대계약이 없는 것보다 안정적인 운영수익을 확보할 수 있는 것은 사실이다.

매입 구성, 임차인 구성, 임대계약 조건 등이 안정적인 운영수익을 얻는 열쇠이다.

포트폴리오 관리와 프로퍼티 관리란 무엇일까

● 포트폴리오 관리는 성장성이 없거나 고평가된 자산을 매각하고 성장성이
양호하고 저평가된 자산을 매입하는 일이고, 프로퍼티 관리는 보유 부동산의
수익을 늘리고 비용을 절감하여 수익률을 극대화하는 일을 말한다 ●

당신이 리츠 운영자라면 '수익률'이란 단어 때문에 잠 못 이룰지
모른다. 수많은 투자자들이 이 숫자를 통해 당신을 평가하기 때문이
다. 어떻게 하면 이 숫자를 매력적으로 바꾸어 투자자들의 신뢰를 얻
을 것인가? 이때 가장 중요한 것이 바로 포트폴리오 관리(Portfolio
Management)와 프로퍼티 관리(Property Management)이다.

포트폴리오 관리는 평균 성장률 이하의 자산을 매각하고 성장성이
양호한 자산을 편입하거나, 운영수익에 비해 가격이 고평가된 자산
을 매각하는 등의 업무를 말한다.

부동산 포트폴리오매니저는 부동산시장에 대한 각종 정보를 누구
보다도 먼저 입수하여 분석할 수 있어야 한다. 정부의 정책변화, 새

포트폴리오 관리와 프로퍼티 관리

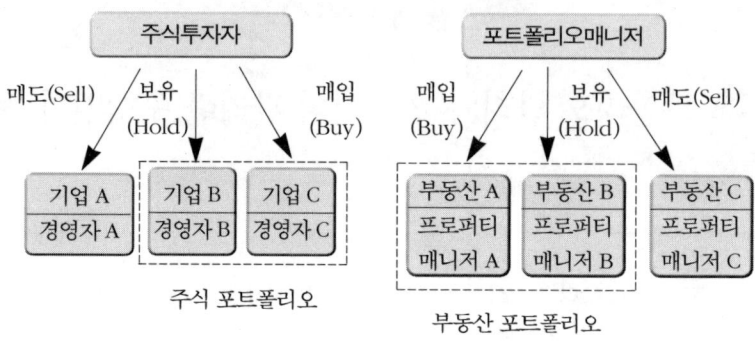

로운 개발계획을 포함하여 부동산의 수요공급에 영향을 미칠 만한 요인들을 분석해서 시장을 예측해야 하며, 다른 부동산 소유자들의 동향에도 민감하게 대처해야 한다.

또 보유한 부동산자산과 다른 부동산자산을 끊임없이 비교, 분석하여 보유 부동산에 대한 보유 매각 또는 새로운 부동산의 편입을 위한 의사결정을 하여야 한다. 어떤 부동산을 언제 사고, 언제 팔아야 할지, 부동산 보유비중을 낮출지 높일지 결정해야 한다. 이런 역할을 담당하는 포트폴리오매니저는 우리나라의 부동산시장이 선진화되면 뮤추얼펀드나 투자은행의 펀드매니저처럼 고수익의 전문직종으로 인기를 끌 것이다.

프로퍼티 관리는 보유한 부동산에서 수익을 늘리고 비용을 절감하여 수익률을 극대화하는 업무를 말한다. 프로퍼티매니저는 임차인들과의 지속적인 접촉을 통해 그들의 불만을 알아내고 이를 해결하는

부동산 투자정보의 활용

활용	자산관리자	포트폴리오 관리자	투자 및 금융자문
자산배분		★	★
부동산 대 다른 자산의 성과 비교		★	★
부동산위험과 수익측정	★	★	★
개별부동산 성과비교	★		
하부시장의 최고성과 부동산의 식별	★	★	
부동산경기순화 모니터	★	★	★
속성분석	★	★	★
소득과 경비 동향 모니터	★		
가치평가 시 조건 모니터	★		
부동산 성과의 국제비교	★	★	★

＊ 자료:Property Council of Australia(1999.5)

등 서비스를 개선해야 한다. 또 수익을 확대할 수 있는 다양한 아이디어를 발굴하고 비용을 절감할 수 있는 시스템을 만들어내야 한다. 하나의 부동산을 하나의 회사로 보고 이를 경영하여 수익을 창출해야 하는 것이다. 이런 역할을 담당하는 프로퍼티매니저는 기업의 전문경영인들이 희소자원으로 가치를 인정받듯, 부동산시장이 선진화되면서 크게 인정받을 것이다.

어떻게 하면 운영수익을 늘릴 수 있을까

• 임차인 관리와 공간 배치, 수익을 위한 다양한 아이디어 등
효율적인 자산관리로 운영수익을 높일 수 있다 •

운영수익을 늘리기 위해 해야 할 가장 중요한 일은 바로 프로퍼티 관리이다. 운영수익을 늘리기 위해 프로퍼티매니저는 먼저 몇 가지 업무를 해야 한다.

첫째, 임차인들의 불만사항을 즉시 확인하여 해결해 주어야 한다. 임차인은 가장 큰 고객이자 수익원이다. 이들이 불만을 가지고 떠난다면 수익성 향상은 기대하기 어렵다. 마치 농구에서 게임이 잘 안 풀릴 때 수비부터 다시 점검해야 하는 것과 같다. 현재의 임차인들을 만족시킬 경우 매년 일정비율로 임대료를 인상하는 것은 크게 어렵지 않다. 임차인들도 항상 이전에 따른 비용과 번거로움을 고려하기 때문이다.

둘째, 비수익성 공간을 수익을 내는 공간으로 전환하기 위해 항상

고민해야 한다. 일반적으로 구내식당과 강당이 첫번째 표적이 된다. 구내식당은 점심시간 한때를 위해 오랜 시간을 텅 빈 상태로 있고, 강당은 한 달에 몇 번 있는 행사를 위해 대부분 텅 비어 있다. 이런 공간이 꼭 필요하다면 가장 수익성이 떨어지는 공간, 예를 들어 지하에 배치하는 것이 합리적이다. 직원의 복지가 문제가 된다면, 식당을 다른 용도로 전환하고 여기에서 발생한 추가수익을 직원들에게 배분하는 것이 오히려 낫지 않을까?

셋째, 수익을 위한 다양한 아이디어를 발굴한다. 넓은 로비를 가진 건물이 많다. 이 로비에 고급스런 인테리어의 커피전문점을 유치한다면 향긋한 커피냄새로 로비 분위기를 해치지 않고 임차인들의 호응을 얻으면서도 수익을 창출할 수 있다. 또 자체 회의실을 갖추는 것이 부담스러운 중소업체들이 입주한 건물의 경우, 공동회의실을 만들어 무료로 이용하게 하고 대신에 평당 임대료를 올려 임차인과 건물주 모두에게 이익이 되게 할 수도 있다. 모든 문제를 공간활용의 효율성과 수익 측면에서 생각하면서 다양한 아이디어를 내야 한다.

넷째, 합리적으로 비용을 절감해야 한다. 갑자기 한 입주자의 책상 위 전등이 꺼졌다. 그러면 보통 그 입주자는 회사의 총무팀에 연락하고 총무팀은 빌딩에 상주해 있는 빌딩 관리인에게 연락을 한다. 관리인은 보수를 담당하는 업체에 연락을 하고 그 업체가 담당자에게 작업을 지시하면 그 담당자가 등을 고치러 온다. 고친 후에는 역순으로 보고를 할 것이다. 이런 단순한 과정에서도 여러 낭비요소가 있을 수 있다. 중간 단계를 축소하면서 서비스의 이행을 확인할 방법을 여러 가지로 만들 수 있으며, 불필요한 인력을 줄이고 보수 담당자의 동선

운영수익 증대 방법

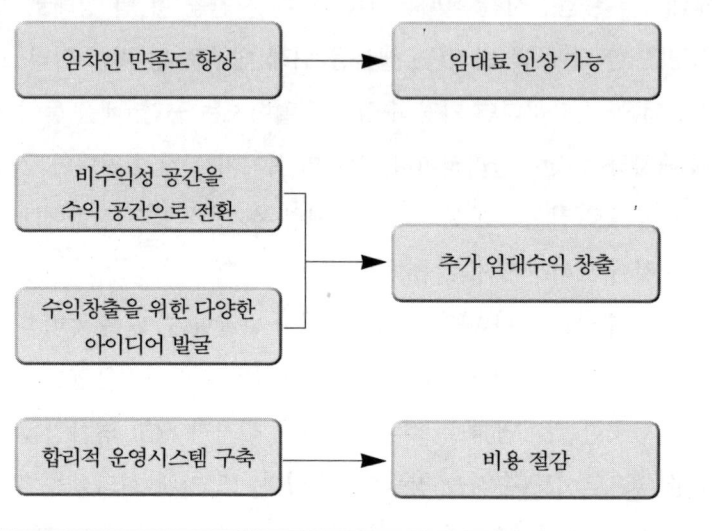

을 줄일 방법들이 있다. 이렇게 합리적으로 서비스시스템을 구축하는 것이 비용을 절감하는 방법이다.

금리와 운영수익은 리츠에 어떤 영향을 끼칠까

• 금리와 운영수익은 부동산가격의 가장 큰 변수이다.
그러므로 리츠에도 직접적인 영향을 끼친다 •

리츠는 어떻게 자본이익을 얻을 수 있을까? 답은 아주 간단하다. 싸게 사서 비싸게 팔면 된다. 문제는 부동산을 사는 시점에서 몇 년 후 얼마에 팔 수 있을지 예측하여 투자자들을 설득하기가 쉽지 않다는 것이다. "내가 부동산밥을 먹은 지 30년이니 내 말만 믿으면 돼"라고 이야기하면서 수백억 원의 투자자금을 모을 수 있다면 그것도 좋은 방법이다. 그러나 불행히도 그런 방식으로 투자자를 모으는 것은 쉽지 않을 것 같다.

앞에서 시장금리가 10%일 때 10원의 순운영수익이 발생하는 부동산은 100원 이하의 가격으로 사는 것이 합리적이라고 말했다. 이것을 역으로 생각해 보면 향후 그 부동산을 얼마에 팔 수 있을지 예측할 수 있다.

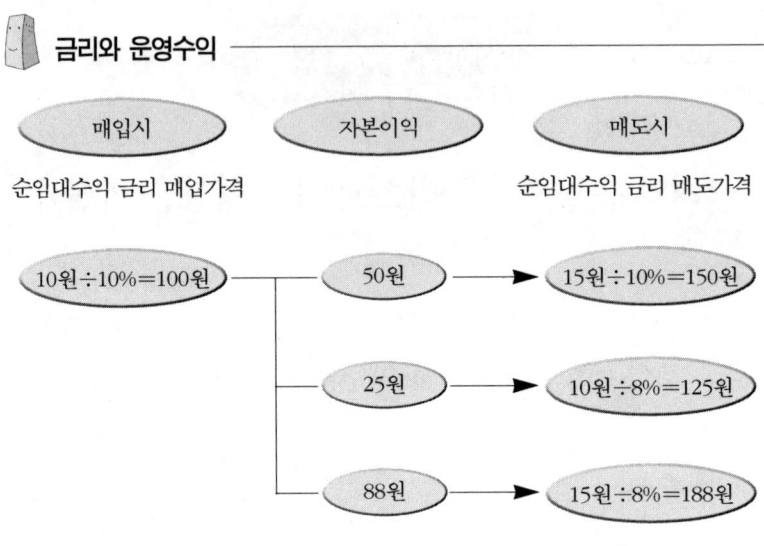

금리와 운영수익

매입시	자본이익	매도시
순임대수익 금리 매입가격		순임대수익 금리 매도가격

10원÷10%=100원

- 50원 → 15원÷10%=150원
- 25원 → 10원÷8%=125원
- 88원 → 15원÷8%=188원

만약 부동산을 잘 운영해서 5년 후 순운영수익이 15원이 되고 시장금리가 여전히 10%라면, 부동산은 150원 정도에 팔 수 있을 것이다. 또한 운영수익이 10원인 상태에서 시장금리가 8%로 떨어진다면 125원에 팔 수 있을 것이다.

이 두 가지가 부동산가격에 영향을 미치는 가장 큰 변수라고 볼 수 있으며, 일반적으로 부동산가격에 동시에 영향을 미치게 된다. 예를 들어, 5년 후 운영수익이 15원이 되고 시장금리가 8%라면 부동산가격은 188원이 될 것이고 88원의 자본이익을 얻을 수 있다.

이제 자본이익을 얻기 위해서는 어떻게 투자해야 하는지 간단한 답을 얻을 수 있다. 매입한 후 운영수익을 크게 상승시킬 수 있는 부동산을 중장기적으로 금리가 하향 안정화되리라고 예측되는 시점에서 사면 된다.

이런 관점에서 보았을 때 우리나라의 경우 현 시점이 부동산투자의 적기일 수 있다. 아직까지 부동산의 관리와 운영이 전문화되어 있지 않아 전문가가 관리할 경우 수익성이 높아질 수 있고, 금리도 하향 안정화되리라고 예측되기 때문이다.

물론 이런 예측은 시장참여자들이 어느 정도 합리적이라는 것을 전제로 한 것이다. 시장참여자들이 비합리적이어서 수익과 아무런 상관없이 부동산가격이 결정된다면 이런 예측은 빗나갈 것이다.

리츠의 자산관리는 어떻게 이루어질까

• 일반 리츠는 대부분 자기관리를 위주로 하고,
구조조정 리츠는 외부관리를 위주로 한다 •

리츠의 자산관리 형태는 자기관리와 외부관리로 나뉜다. 자기관리는 일반 회사와 마찬가지로 회사의 경영과 투자자산 관리를 내부 직원이나 자회사를 통해 하는 형태를 말한다. 외부관리는 외부의 자산관리회사 등을 통해 운영하는 형태이다. 리츠는 투자를 위한 펀드가 주식회사의 형태를 취한 것이다. 리츠는 구조화된 투자체이므로, 그 경영방식 역시 투자수익률의 관점에서 자산운용방식과 함께 결정되는 것이다.

미국의 경우 초기에는 리츠의 투자펀드로서의 성격을 강조하여 외부의 자문회사들이 자산관리를 담당하는 형태가 대부분이었다. 그러나 1986년 세법(IRC) 개정 이후 리츠가 직접 부동산관리기능 등을 수행할 수 있는 여건이 조성되어, 많은 리츠가 비용절감과 업무효율 제

리츠의 자산관리 형태별 장단점

	자기관리	외부 위탁
장점	- 의사결정의 효율성 신속성 확보 - 대리인문제(외부관리회사와의 이해충돌) 없음 - 관리비용 절감	- 업종별 등 전문화된 자산운용회사 확보 - 외부의 객관적인 자산관리회사를 통해 임직원의 도덕적 해이 방지
단점	- 외부관리회사보다 자산관리 전문성 떨어질 우려 - 내부 임직원의 도덕적 해이 발생가능성	- 자산운용회사와의 이해상충으로 대리인문제 발생 우려 - 관리비용 증가(수수료 부담)

고를 위해 자기관리로 전환하였다. 현재도 대부분의 리츠가 자기관리 형태를 취하고 있다.

자기관리도 일부 단점이 지적되고 있는데 다음 세 가지로 요약할 수 있다. 첫째, 다양한 부동산을 직접 운용하는 경우 전문성과 효율성이 떨어질 수 있다. 둘째, 대주주의 전횡과 경영의 불투명성이 증가할 수 있다. 셋째, 소규모 리츠는 행정업무 부담과 인건비 부담으로 경제적으로 효율적이지 못할 수가 있다.

외부관리는 전문 자산운용회사의 기술과 경험을 사용할 수 있다는 장점이 있다. 자문회사들은 여러 회사의 자산을 관리하면서 자산 부문별로 각자의 기술과 경험을 축적할 수 있다. 미국의 경우도 상장되지 않고 상대적으로 규모가 작은 회사들은 외부관리 형태를 취하는 경우가 있다.

외부관리 역시 비용지출 부담과 외부 용역회사의 이해관계와 리츠 이해관계의 상충문제, 즉 대리인 문제 등이 발생하는 단점이 있다.

따라서 자기관리와 외부관리 중 어느 쪽이 좋다고 단정할 수는 없다. 이것은 리츠의 규모, 투자대상, 기타 리츠의 수익률을 결정하는 모든 상황을 종합적으로 판단하여 선택할 문제이다.

부동산투자회사법에서 일반 리츠는 원칙적으로 자기관리, 구조조정 리츠는 외부관리를 상정하고 있다. 구조조정 리츠는 명목 회사(Paper Company)이므로 경영과 자산관리 모두를 외부에 위탁한다. 그러나 일반 리츠도 외부관리를 법으로 금하고 있는 것은 아니다. 효율성과 비용 등을 종합적으로 고려하여 리츠의 경영과 자산운용방식을 결정할 수 있다.

부동산 거래로 수익을 내기 위해서는 어떤 능력이 필요할까

• 부동산의 가치를 정확하게 보는 눈이 있어야
하고 원활한 교섭능력 또한 필요하다 •

　임대료가 연간 10억 원이 나오는 빌딩이 있다. A리츠가 이를 100억 원에 구입했다면 이 빌딩을 통해 A리츠는 10%의 수익률을 얻는 셈이다. 관리비, 세금 등의 비용은 제외한다. 그러나 만약 A리츠가 같은 빌딩을 50억 원에 구입했다면 수익률은 20%로 올라간다.

　그러므로 리츠는 부동산으로부터 발생되는 수익률을 높이기 위해 많은 노력을 할 것이다. 부동산 관리에서 발생되는 비용을 절감하여 수익을 높일 수도 있고, 빈 공간을 임대하여 임대료를 높여 수익을 제고시킬 수도 있다.

　또 수익률을 높이는 방법에는 취득원가를 낮추거나 처분가격을 최대한 높이는 방법이 있다. 이것은 관리비용 절감과 임대수익 제고의 방법보다 수익률에 더 큰 영향을 줄 가능성이 많다. 리츠가 부동산을 사고 파는 경우 그 거래금액은 지금 추세라면 최소 300억 원이 넘으며 1000억 원이 넘는 경우도 있을 것이다. 만약 리츠가 매도호가 1000억 원짜리 빌딩을 매입하면서 5%를 깎는다면 그 금액은 무려 50억 원이나 된다. 이것은 적은 돈이 아니다.

부동산을 매입하거나 처분함에 있어 전문적인 능력이란 무엇일까? 리츠가 투자하는 부동산의 대부분이 100억 원 이상 나가는 대형이고, 때로는 호텔, 병원 등과 같은 전문적인 부동산이라는 점 등을 감안할 때 결코 단순한 작업은 아닐 것이다.

먼저 부동산평가(Valuation)능력이 필요하다. 직접 부동산가격을 평가할 필요는 없지만, 감정평가사나 부동산평가 전문가들이 작성한 리포트를 이해할 줄 알고 잘못된 부분을 지적할 수 있는 능력이 있어야 한다.

둘째, 거시 부동산시장과 경제상황을 읽을 수 있는 능력이 필요하다. 부동산은 오늘 매입해서 내일 매각하는 상품이 아니다. 최소 3년에서 5년 이상 보유해야 할 자산이다. 물론 현재의 가치도 중요하지만 매입하고자 하는 부동산의 미래가치에 대한 예견이 더욱 필요한 것이다.

셋째, 금융과 함께 세무와 회계에 대한 지식이 필요하다. 똑같은 부동산을 똑같은 가격으로 구입하더라도 금융기법이나 매매구조에 따라 실질적으로 투입되는 금액이 달라질 수 있다.

마지막으로 교섭력과 추진력이다. 거래 당사자에게 자신의 주장을 설득시키기 위해서는 논리적이어야 하며 교섭력이 필요하다. 또 부동산을 매입하는 경우 가격평가, 시장조사, 자산실사, 세무검토, 자

리츠의 부동산 매입·처분 능력

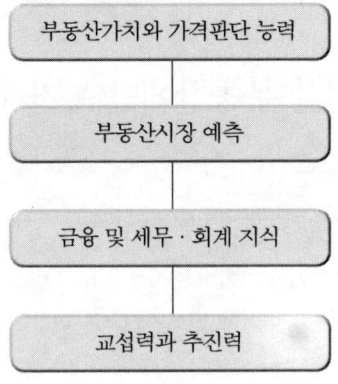

금조달 등 여러 가지 업무가 필요한데 이를 혼자서는 수행할 수 없다. 때로는 외부기관에 용역을 줄 수도 있다. 그러므로 부동산 매입 또는 처분담당자는 여러 주체가 수행하는 업무를 한군데 모아서 결실을 얻게 하는 추진력이 필요하다.

리츠는 실물 부동산에만 투자해야 할까

• 리츠는 일반 기업의 주식에도 투자할 수 있다.
그러나 그 비율은 10% 미만으로 한정된다 •

리츠는 매분기말 현재 총자산의 90% 이상을 부동산과 부동산 관련 유가증권 및 현금으로 구성해야 하고, 동시에 총자산의 70% 이상은 부동산이어야 한다. 그러므로 총자산의 10% 미만은 어디에 투자하든 제한이 없다. 국채나 회사채 등 채권에 투자할 수도 있고 일반기업의 주식에 투자할 수도 있을 것이다. 20%는 부동산 관련 유가증권에 투자할 수 있다. 부동산 관련 유가증권은 채권과 주식으로 구분할 수 있다. 부동산과 관련된 채권으로 대표적인 것은 자산유동화증권(ABS)과 주택저당채권(MBS)이 있다. 자산유동화증권은 채권을 담보로 발행되는 것이 대부분이지만 부동산소유권, 임대료채권, 분양채권 등을 담보로 채권을 발행할 수도 있으며 이러한 채권은 리츠가 매입할 수 있다. 주택저당채권은 주택을 담보로 빌려준 채권을 유동화한 채권이다. 따라서 이 채권도 리츠의 투자대상이 된다. 그리고 부동산과 관련된 주식에는 다른 리츠의 주식도 있다.

부동산에 투자해야 하는 70%에도 부동산으로 간주되는 자산이 포함된다. 토지, 건물 등 기타 정착물만을 의미하는 것은 아니라는 말이다. 부동산으로 간주되는 자산은 첫째, 건축 중인 건축물의 개발사업을 제외한 부동산개발사업에 투자한 모든 금액이고 둘째, 부동산의 소유권 및 지상권, 임차권 등 부동산 사용에 관한 권리를 취득하기 위하여 투자한 금액이다. 쉽게 말해서 부동산개발을 위해 지급한 설계비도 부동산으로 간주되며, 부동산을 빌리기 위해 지급한 임대보증금도 부동산으로 간주된다.

 리츠의 투자 비율

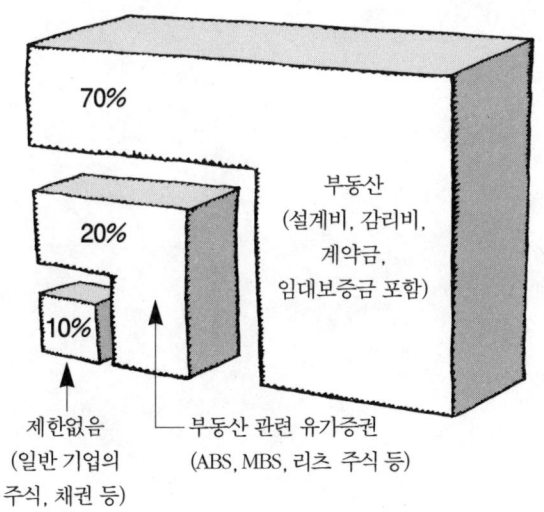

70%

20%

10%

부동산
(설계비, 감리비,
계약금,
임대보증금 포함)

제한없음
(일반 기업의
주식, 채권 등)

부동산 관련 유가증권
(ABS, MBS, 리츠 주식 등)

리츠 투자 전략

REITsREITsREITsREITsREITsREITsR

효율적인 리츠 투자 방법은 무엇일까

• 수익성, 안정성, 환금성, 이 세 가지를 고려하여 투자자 자신이
추구하는 목적에 따라 투자하는 것이 바람직하다 •

성공적인 투자는 투자목적과 투자대상으로 선정한 리츠를 어떻게
관찰하고 평가할 것인가에 대한 기준을 분명히 하는 것에서 출발한
다. 다른 모든 투자와 마찬가지로 리츠 투자에서도 투자자는 수익성,
안정성, 환금성, 이 세 가지를 동시에 고려하면서 자신이 추구하는
목적을 분명히 해야 한다.

동시에 리츠 투자에 있어서는 리츠의 투자대상 자산에 대한 분석
이 특별히 고려되어야 할 것이다. 자산분석은 두 가지 관점에서 고려
되어야 한다. 즉 리츠의 투자형태와 투자대상 자산유형별 고려가 그
것이다.

투자형태별로는 리츠가 주로 임대수입을 추구하는지, 시세차익을
추구하는지, 개발이익을 추구하는지의 관점에서 분석하는 것이다.

그리고 이것은 수익성 및 안정성과 연관이 된다.

투자대상 자산유형별로는 리츠가 주택(아파트), 상가, 업무용 빌딩, 토지, 부동산 관련 증권 등 주로 어떤 부동산자산에 투자하는가에 따른 분류이다

투자 스타일에는 위험 선호형, 중간형, 위험 회피형이 있을 수 있다. 투자 판단은 주로 자신이 추구하는 수익률과 투자 스타일에 따라 이루어질 것이다. 투자형태와 투자대상 자산유형에 따른 판단은 투자자문회사 등 전문가의 도움을 얻는 것이 필요할 것이다.

다소 수익률이 낮더라도 안정적인 배당수입을 추구한다면, 리츠가 갖는 운영수입(FFO, Funds From Operations) 흐름의 안정성을 기준으로 투자를 판단하면 될 것이다. 이러한 현금흐름 및 배당은 리츠가 보유하는 부동산의 임대료수입 능력과 이를 관리하는 자산운용능력에 의해 결정된다. 주로 오피스빌딩과 주택을 보유하고 임대사업을 펼치는 리츠가 여기에 해당될 것이다.

물가상승을 예상하고 자산의 가치보전을 목적으로 하는 투자자라면, 리츠의 배당수익률보다는 리츠가 보유하고 있는 자산 그 자체가 중요할 것이다. 즉 이 경우는 자산의 장기적인 가치상승 가능성과 인플레이션 헤지 가능성, 개발 가능성 등을 중심으로 리츠 주식에 투자하는 것이다.

만약 단기차익과 시세차익을 노리는 투자자라면 리츠 주식이 증권시장에서 저평가되었을 때 취득하고, 시장이 그 가치를 인식해서 가격이 상승했을 때 매각하여 이득을 취할 수도 있다. 이 경우는 리츠의 투자형태가 경매, 공매, 개발사업 위주일 경우가 될 것이다. 보유

리츠 투자의 형태와 유형

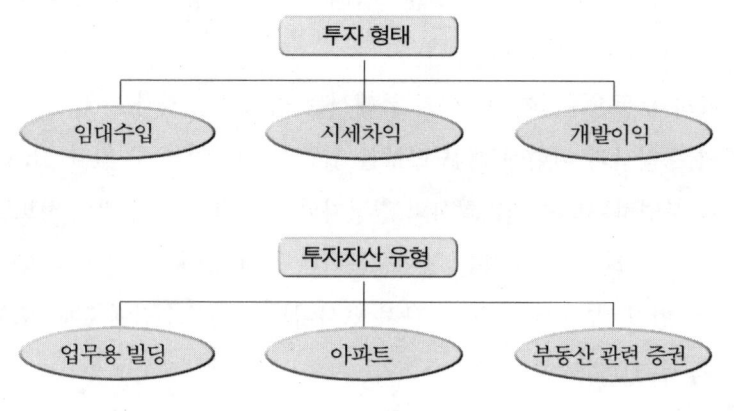

자산의 시장성 및 장래의 전망을 중심으로 투자판단이 이루어져야 한다.

리츠에 대한 정보 수집과 상담은 어떻게 할 수 있을까? 리츠도 주식이므로 일반 주식의 경우를 생각하면 된다. 우리는 삼성전자의 주식을 사기 전에 삼성전자에 대한 정보를 수집한다. 어떻게 수집할까? 가장 먼저 생각나는 것이 증권회사이다. 증권회사가 운영하는 인터넷 사이트나 투자잡지에서 정보를 얻을 수 있다. 신문이나 경제잡지를 통해서도 정보를 얻을 수 있으며 주식투자를 도와주는 수많은 인터넷 사이트에서도 정보를 얻을 수 있다.

리츠도 마찬가지다. 우리는 증권회사나 부동산투자자문회사로부터 리츠에 대한 정보를 얻을 수 있다. 00리츠가 운영하고 있는 건물의 수익성은 좋은지, 그 리츠의 경영자들은 전문적인 운용전략이 있는지, 리츠의 대주주들은 공신력이 있는지 등이다. 또한 단순하게 정보를 얻는 것 뿐만 아니라 전문가들과의 상담을 통해 자신에게 맞는 투자전략을 수립할 수도 있다.

특히 부동산투자자문회사를 통해서는 리츠가 투자하고 있는 부동산의 수익성과 위험에 대한 정보를 집중적으로 얻을 수 있다. 또 리츠를 운영하는 자산관리회사의 경영자와 직원의 능력에 대한 정보도 얻을 수 있을 것이다. 물론 경제신문이나 잡지 등에서도 정보를 수집할 수 있다. 부동산 및 금융 관련 웹사이트도 정보수집에 많은 도움을 줄 수 있다.

리츠 상식

사업설명서(Prospectus)의 주요 내용

- 리츠 투자시 발생할 수 있는 위험
- 자본금 공모 후 소유구조 및 지분구조, 주요 주주 현황
- 리츠가 영위하고자 하는 영업 및 향후 성장전략(시장분석 포함)
- 리츠의 과거 5년간 재무제표(신설시는 생략)
- 리츠의 전체 자산목록
- 편입 자산별 3~5년간 재무제표와 주요 경영지표(과거 3~5년간 공실률 및 평당 임대가 등)
- 자산별 임차인 목록 및 임차계약 내용
- 경영진의 이력 및 주요 경영 실적
- 직원들의 고용계약 내용, 스톡옵션 및 인센티브
- 기본적인 회사 운영 정책 및 경영진의 권한 범위(위임 사항)
- 기타 세무문제 등

어떤 리츠 주식을 사는 것이 좋을까

• 투자설명서가 합리적이고 기관투자가가 투자하며,
운영진의 이력이 좋은 리츠 주식이 투자에 유리하다 •

어떤 리츠에 투자하는 것이 좋을까? 가장 쉬운 방법 중의 하나는 그 리츠의 과거 실적을 살펴보는 것이다. 그러나 이것은 우리나라에서는 택하기 어려운 방법이다. 왜냐하면 우리나라에 리츠 제도가 처음 도입되었기 때문이고, 리츠는 기본적으로 분양 또는 매매를 통해 짧은 시일 내에 자본이득을 노리던 전통적인 우리나라 부동산시장의 수익창출방법과는 다른 방법으로 운영해야 하기 때문이다.

그렇다면 어떤 기준으로 리츠를 골라야 할까?

첫째, 투자설명서를 꼼꼼히 살펴보고 합리적이고 전문적인 내용의 우수한 투자설명서를 제공하는 리츠를 선택하는 것이 좋다. 특히 투자대상 자산에 대한 세부설명서를 잘 살펴보아야 한다. 투자설명서에는 리츠 운영진의 철학과 부동산시장에 대한 전망, 부동산에 대한

리츠 주식 선택 기준

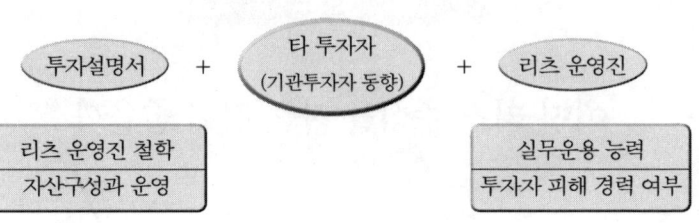

지식, 자산구성이나 운영에 대하여 얼마나 깊은 고민을 하는지가 모두 드러나 있다. 투자설명서는 중요하지 않고 수십 년간 닦아온 '감' 이 더 중요하다고 주장하는 사람은 그 '감'을 진실로 믿어주는 몇몇 사람과 사업을 하는 편이 좋을 것이다.

둘째, 다른 어떤 투자자들이 참여하는지 잘 살펴야 한다. 그래서 국내에서 부동산투자 경험이 많고 신뢰할 만한 기관들이 투자를 주도하는 리츠를 선택하는 것이 나을 것이다. 왜냐하면 세제혜택 면에서 일반인 보다 못한 상황에서, 수익률 0.1%에 민감한 기관들이 투자할 정도라면 일반인들에게는 그다지 위험하지 않을 것이기 때문이다.

셋째, 운영진의 면면을 잘 살펴야 한다. 운영진이 부동산 전문가로 구성되어 있는지, 새로 도입되는 제도를 실무적으로 운용할 능력이 있는지, 혹시 과거에 투자자들에게 피해를 입힌 적이 없는지 등을 살펴보아야 한다.

미국에 있어서의 리츠 등록서류 준비 책임

	서 류	초고작성책임
1	등록서류 커버페이지	CC
2	상호참조표(Cross-Reference)	CC
3	사업설명서(Prospectus)	
	a. 커버페이지	UW/UC
	b. 안정화 서약	UC
	c. 요약(확정된 부담대비 수익의 위험요소비율)	UW/UC/CA
	d. 회사 소개	C/CC
	e. 자금용도	C/CC
	f. 배당금	C/CC
	g. 자본조달계획	C/CA
	h. 통합손익계산서, 선별된 재무데이터	C/CA
	I. 경영 논의와 통합손익계산서의 분석	C/CC/CA
	j. 사업	C/CC/CA
	(ⅰ) 일반적인 정보	
	(ⅱ) 차입과 운용 등에 대한 정책	
	(ⅲ) 투자정책	
	(ⅳ) 자산수집(roll-up) 또는 특정자산; 재무자료, 운영자료	
	k. 경영진	C/CC
	l. 주식발행계획과 다른 종업원 인센티브제	C/CC
	m. 내부 거래	C/CC
	n. 보통주에 대한 사항	C/CC
	o. 인수에 관한 사항	UW/UC
	p. 법적인 의견	CC
	q. 재무제표	CA
	r. 제2부	CC/CA
	블루스카이 메모	UC
	인수계약서	UC
	인수단의 신디케이트 팩키지	UW
	감사에 대한 이사의 권한	CC
	임원의 질문사항	CC
	레터	UC/CA
	광고	UW

* 주:C-Company, CC-Company Counsel, UW-Underwriter, UC-Underwriter Counsel, CA-Accountants

어떻게 하면 좋은
리츠 회사를 고를 수 있을까

• 경영활동과 자산가치를 평가하고 가장 합리적인
자산운용을 하는 리츠를 선택해야 한다 •

어떤 리츠에 투자할 것인가, 즉 시장에서 리츠 주식을 얼마의 가격
으로 매입할 것인가는 리츠에 대한 평가를 전제로 한다. 리츠는 일반
적인 주식회사와는 달리, 주로 부동산에 투자하여 얻은 수익을 주주
들에게 배당으로 돌려주는 부동산전문투자회사이기 때문에 그 특성
을 반영한 평가가 이루어져야 한다.

매년 리츠가 그 경영활동에 따라 벌어들이는 수입에 대한 평가와
리츠가 보유하고 있는 자산에 대한 평가로 나누어 볼 수 있다.

첫째, 경영활동을 평가한다. 리츠의 경영성과를 평가하는데 사용
되는 것은 운영수입(FFO, Fund From Operation) 개념이다. 일반 주식
회사는 수입에서 비용을 차감한 당기 순이익 개념을 사용하는데 반
하여, 리츠는 영업활동에서 발생한 현금흐름 중심으로 그 순이익을

판단하고 배당한다.

운영수입 개념을 중심으로 한 리츠의 경영활동 평가는 미국의 경우 전미 리츠협회(NAREIT)가 리츠 회사에 권장하는 것이지만, 우리의 경우는 법률에서 강제하고 있는 것이 차이점이다.

둘째, 자산가치를 평가한다. 리츠가 보유한 부동산자산의 가치평가는 부동산의 가치평가 방법을 선택하는 문제와 일치한다. 부동산의 가치평가 방법은 전통적으로 매입장부 가격을 그대로 인정하는 방법, 순자산가치접근법, 현금흐름 할인법 등을 적용하여 자산가치를 분석하는 방법 등이 있다.

장부가격은 일반적으로 법인이 세금을 납부하는 기준으로 쓰는 부동산가격 산정방법이다. 따라서 취득 당시의 주관적인 가격이라고 할 수 있으며 인플레이션에 따른 실질가격 변화를 거의 반영하지 못한다.

순자산가치접근법은 리츠 보유 부동산(Operating Properties)의 순

리츠 상식

리츠 전문 인력, 이런 사람이다

- 리츠의 핵심 경쟁력은 부동산자산에 대한 개발과 운영능력(Asset Management, Property Management)이다.
- 리츠를 운영하기 위해서는 부동산관리(Property Management), 임차인관리(Tenant Leasing), 회계업무, 감정평가, 자금조달업무를 수행하는 사람들이 필요하다. 부동산과 금융 부문의 전문가가 필요하다.
- 감정평가사, 공인중개사, 공인회계사, 변호사 등이 리츠 운영에 참여한다.

좋은 리츠 회사를 선택하는 기준

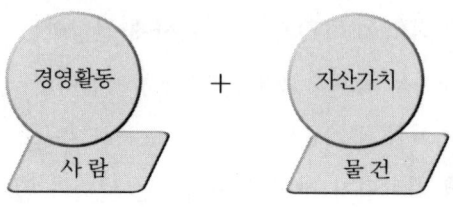

운영수입(NOI)을 보유 부동산 소재 지역 및 동일 유사 용도 부동산의 자본환원율(Cap Rate)로 환원하여 현재가치를 계산하는 방법이다. 일반적으로는 이 방법이 리츠의 자산가치 산정방법으로 쓰이고 있다. 리츠 주식은 계산된 순자산가치에 성장 가능성을 감안하여 할인(Discount) 또는 할증(Premium)요소를 반영한 가격으로 통상 거래된다.

리츠의 성장 가능성은 리츠 보유 부동산 그 자체보다는 리츠의 경영활동 전반에 대한 평가가 기준이 된다. 리츠의 영업전략, 재무구조 등이 첫번째 판단기준이고, 리츠의 경영진, 보유 인력의 자산운용에 관한 경험과 실적 등 인적인 요소가 두번째이다.

결국 리츠 주식의 가치 역시 일반 회사의 가치평가와 마찬가지로 그 자산운용 주체의 질적 수준이 결정하는 것이다. 얼마나 투명하고 합리적으로 시장에서 리츠의 자산을 운용하여 수익을 낼 수 있는가 하는 것이 리츠 주식의 가치판단 핵심 기준이다.

리츠는 어떤 기준으로 배당을 할까

• 배당가능현금의 100%와 순이익의 90%사이에서 자유롭게 배당이 가능하다 •

우리나라에서도 미국처럼 리츠가 감가상각비까지 배당할 수 있을까? 그것은 기본적으로 자본충실의 의무와 상치되는 것이기 때문에 곤란하지 않을까? 이런 문제들이 제기되고 있다. 이것이 무슨 말인지 리츠의 약식 손익계산서를 살펴보자.

일반 기업의 배당액은 아래 표의 순이익에서 각종 준비금을 제외한 배당가능현금에서 결정된다. 이 중 일부를 배당하고 나머지는 차기 이월한다. 그러나 미국의 리츠는 일반 기업과 배당가능현금을 다르게 규정하여 이를 인정하고 있다. 순이익에서 감가상각, 이연비용 등 비현금 지출항목을 더하고 비현금 수입항목을 제외한 것을 운영수익(FFO)이라 하여 리츠의 성과를 측정하는 가장 중요한 지표로 삼고 있으며, 여기에서 일부 조정하여 배당가능현금을 산출한다.

리츠는 이를 기준으로 순이익 이상을 배당할 수 있다. 물론 순이익

총수입(Gross Income)

    − 운영비용(Operating Expenses)

    − 일반비용(General & Administrative Expenses)

    − 이자비용(Interest Expenses)

    − 감가상각(Depreciation)

    − 이연비용(Amortization)

    ± 특별손익(Gain or Loss Non-Reoccurring Transactions)

= 순이익(GAAP Net Income)

    + 감가상각

    + 이연비용

    ± 특별손익

= 운영수익(FFO, Funds from Operation)

    ± 기타 조정항목

= 배당가능현금(FAD, Funds Available for Distribution)

의 범위 내에서만 배당할 수도 있다. 법인세 면제혜택은 순이익의 90% 이상만 배당하면 받을 수 있기 때문이다. 리츠는 순이익의 90% 이상, 위 표에 나타난 배당가능현금의 100% 사이에서 자체적인 배당

리츠의 배당 기준

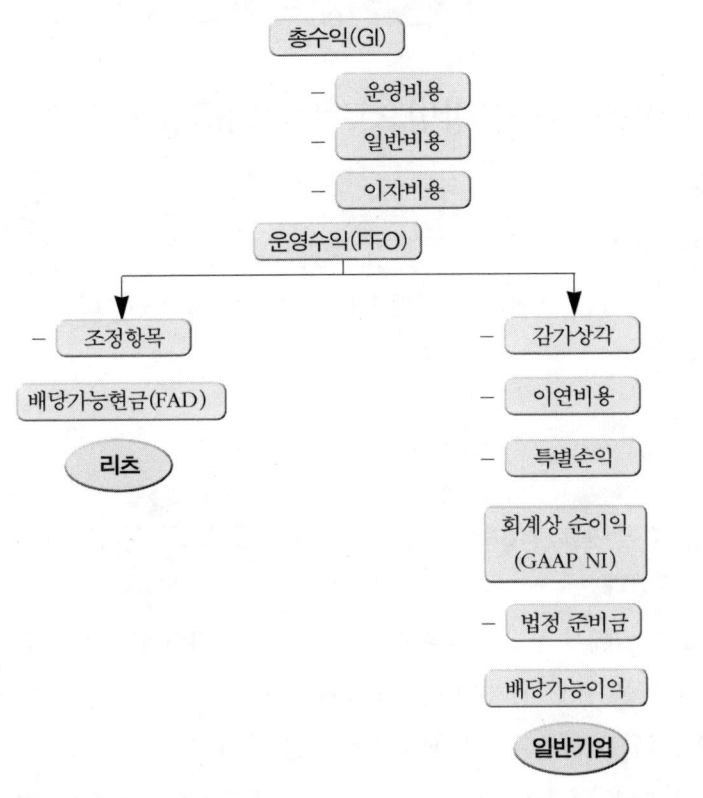

정책에 따라 배당할 수 있다. 리츠의 경우는 부동산투자회사법에서 운영수익(FFO)에 관한 내용을 명시적으로 정하고 있지 않다. 그러나 어쨌든 리츠를 통해 국내 투자자도 일반 기업에 비해 엄청나게 많은 배당을 주면서 안정적으로 성장하는 주식에 투자할 수 있는 기회를 가질 수 있게 되었다.

리츠는 어떤 방법으로 투자자금을 회수할까

• 리츠 주식 처분과 배당을 통해 투자자금을 회수한다 •

리츠 주식을 구입한 투자자는 두 가지 방법으로 투자자금을 회수할 수 있다.

먼저 앞에서 설명한 바와 같이, 주식을 보유하고 있는 동안에는 배당을 받을 수 있다. 이것은 은행에 예금한 후 이자를 받는 것과 같다. 전문가들은 리츠의 예상 배당률을 평균 8% 내외로 잡고 있다. 예를 들어 액면가 5000원짜리 리츠 주식을 주당 5000원으로 하여 10만 주를 구입했다고 치자. 투자금액은 5억 원이 된다. 연말에 리츠가 8%를 배당한다고 가정하면 배당금으로 4000만 원을 받을 것이다. 이것은 은행 정기예금 금리보다 2% 정도 높은 수익률이다.

리츠의 배당률은 금리와 항상 경쟁을 한다. 리츠에 투자하는 것은 은행에 저금하는 것보다 위험하기 때문에 리츠 배당률이 은행의 정기예금 이자율보다 떨어진다면 리츠에 투자할 사람은 거의 없을 것

리츠의 자금 흐름

	리츠 수입제표	리츠 현금흐름
임대료	100	100
운영경비	40	40
순운영소득(NOI)	60	60
감가상각	40	–
순이익	20	–
현금흐름	–	60
EPS	2	–
주당 FFO	–	6

＊ 자료 : Brueggeman & Fisher(1997)

이다.

리츠는 평균 년 1회 정도 배당하는데 6개월 단위로 배당하는 경우도 있다. 리츠의 배당주기는 리츠 투자자가 투자 결정 전에 관심을 가져야 할 요소가 된다.

리츠 주식은 팔아서 현금화할 수도 있다. 구입한 리츠 주식이 상장되어 있다면 증권거래소에서 매각하면 된다. 또 아직 상장되어 있지 않다면 장외시장에서 일반 주식을 팔듯 팔면 된다. 이때 리츠 주식의 매각금액이 최초 매수금액보다 많다면 그만큼 차익을 얻은 것이 된다. 즉 주식가치 상승으로 인한 시세차익을 얻는 것이다.

우리나라의 경우 상장주식에 투자하는 일반인들은 대부분 배당수익보다는 주식가치 상승에 의한 시세차익을 목표로 투자한다. 운이 좋으면 한 달에 투자 금액의 2배, 3배의 이익을 남기는 경우도 있기 때문이다.

그러나 리츠 주식에 투자하려는 생각을 가지고 있다면 이러한 기대는 빨리 접는 것이 좋다. 리츠 주식은 구조적으로 가격이 급등할 가능성이 거의 없기 때문이다. 리츠 주식은 일반 회사의 주식과는 달리 주식가치 상승에 의한 수익보다는 안정적이고 상대적으로 배당률이 높다는 것이 투자 포인트이다.

미국의 경우 퇴직자들이 리츠에 투자한 후 그 배당금으로 여생을 살아가는 사례가 많다. 이는 리츠 투자가 일반 주식 투자보다는 안전하면서 채권 투자보다는 높은 수익을 얻을 확률이 크며, 배당률이 일반 주식보다 높기 때문이다.

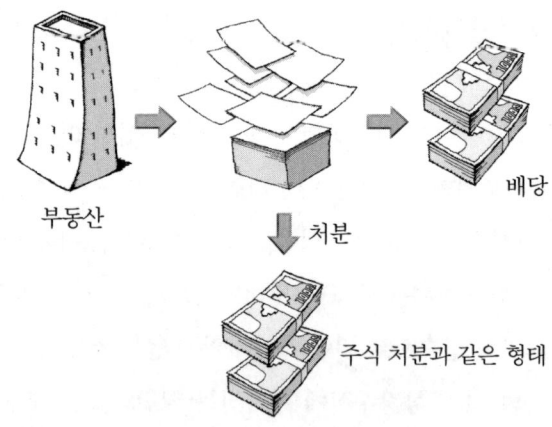

부동산

처분

배당

주식 처분과 같은 형태

리츠 투자자는 배당금으로 여생을 살아갈 수도 있다. 주식 투자보다 안전하고 채권 투자보다 수익률이 높을 가능성이 있기 때문이다.

리츠 수익률 관리는 어떻게 이루어질까

• 부동산과 유가증권의 편입비율을 조정하고 부동산 투자 풀의
구성요소를 조정하는 방식으로 수익률 관리가 이루어진다 •

리츠가 수익률을 관리하는 방법에는 크게 두 가지가 있다.

첫째, 부동산과 유가증권의 편입비율을 조정하는 방법이다. 리츠
는 자산을 부동산, 부동산 관련 유가증권 및 현금 형태로 보유할 수
있다. 자산 중 부동산과 기타 자산의 비율이 '부동산 70% 이상, 기타
자산 30% 이하' 로 규정되어 있다. 따라서 리츠는 자산운용을 부동산
70%, 유가증권 30%로 할 수 있고 부동산 80%, 유가증권 20%로도
할 수 있다.

향후 금리가 오르고 부동산시장이 침체할 것으로 예상되면 유가증
권의 비율을 최대 범위인 30%까지 높게 할 것이지만, 반대인 경우에
는 유가증권 비율을 10% 이내로 축소할 수도 있다.

편입비율은 금리, 물가, 환율, 부동산시장환경 등 여러 가지 요인

을 분석하여 결정한다. 리츠는 이렇듯 부동산과 기타 자산의 편입비율을 적정히 조정함으로써 수익률을 극대화할 것이다.

또한 투자 부동산 풀(pool)의 구성요소를 조정하여 수익률을 관리할 수 있다. 수익성이 높은 부동산은 보유하고 상대적으로 떨어지는 것은 매각하는 것이다. 이것은 단순해 보이지만 결코 쉬운 일이 아니다.

예를 들어 강남과 광화문에 있는 업무용 빌딩에만 투자하는 리츠가 있다고 치자. 먼저 강남지역은 빌딩 신축 허가와 건축 중인 빌딩은 급증하고 있는 반면 빌딩 수요는 안정적인 증가를 보이는 것으로 예상되어, 향후 빌딩 임대료가 약보합세를 보일 것으로 분석되었다고 하자. 반면 광화문이나 여의도의 경우에는 수요가 공급을 초과할 것으로 예상되었다. 그렇다면 리츠 운영자는 강남지역에 있는 빌딩을 매각하고 광화문이나 여의도에 있는 빌딩을 새로 매입함으로써 향후 발생될 수익 감소를 예방하고 안정적인 수익률을 관리할 것이다.

리츠 상식

리츠 공모에 응할 때 유의할 점

- 수익성 확보에 대한 확실한 비전을 가지고 있을 것
- 리츠 또는 자산관리회사(구조조정 리츠)의 최대주주가 부동산 운영능력을 갖춘 기업일 것
- 리츠 또는 자산관리회사 운영자들이 과거 뛰어난 운영실적을 보여 주었을 것
- 리츠 편입예정 부동산자산이 과거 3~5년간 시장평균수익률을 상회했을 것
- 리츠 편입예정 부동산자산의 향후 현금수입이 과거와 큰 차이 없이 예상될 것

리츠 수익률 관리

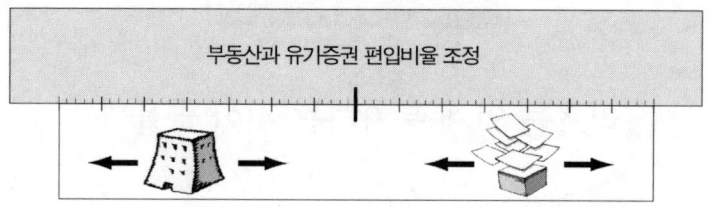

부동산과 유기증권 편입비율 조정

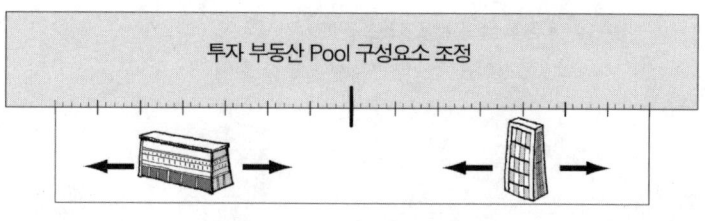

투자 부동산 Pool 구성요소 조정

　이론적으로는 보유하고 있는 오피스빌딩을 상가로 교체하거나 서울에 있는 부동산을 매각하고 지방의 부동산을 구입하여 수익률을 관리할 수도 있다. 즉 부동산의 유형과 지역 차이에 따른 수익률 편차를 이용하여 전체적인 리츠 수익률을 관리하는 것이다.

리츠는 언제 투자하는 것이 좋을까

• 한시적으로 주식양도세가 면제되는 초기에
투자하는 것이 수익률이 높을 것이다 •

우리나라 리츠는 미국 리츠를 모태로 만들었지만 그 내용은 많이 다르다. 그래서 서로 다른 제도라고 말하는 사람들도 많다. 때문에 미국 리츠에 대한 전문가는 있어도 우리나라 리츠 즉 K-REITs에 대한 전문가는 없다고 해도 과언이 아니다. 이제 같이 연구하고 만들어 나가야 한다.

또한 연 9% 내외의 배당을 목표로 하는 리츠가 투자할 수 있는 부동산은 많지 않다. 물론 연 20% 이상의 수익이 나는 부동산도 있을 것이다. 다만 이런 수익률은 안정적이지 못하다는 것이 문제이다. 현 시점에서는 서울의 광화문 주변, 강남, 여의도 일대에 있는 프리미엄 빌딩 정도가 비교적 리츠의 투자대상에 적합하다. 이렇듯 투자대상이 한정적이다 보니 임대수익에 비하여 매도호가가 높아 자산선정

(Asset Pooling)에 어려움이 많다.

리츠를 설립하고 있는 사람들은 한결같이 위와 같은 어려움을 호소하고 있다. 투자자 입장에서는 걱정이 많을 것이다. 그래서 관련 제도도 완전하지 않고, 수익률과 안정성이 검증되지 않은 상태에서 투자하는 것보다는 2~3년 후 결과를 보고 리츠에 투자하겠다는 생각을 많이 할 것이다.

설립되기 전부터 난관이 많은데 어떻게 마음놓고 리츠에 투자할 수 있을까? 그래서 리츠가 운영되고 수익률과 안정성이 검증되면 그때 투자하려는 사람들도 많을 것이다.

그러나 거꾸로 뒤집어보면 지금이 리츠 투자의 적기라고 할 수 있다. 정부가 투자자 보호에 적극적이란 점, 초기 리츠 투자대상이 서울 중심지의 업무용 빌딩이라는 점, 리츠 설립을 추진하고 있는 주체들이 공신력 있는 공기업이나 대형 금융기관이라는 점 등으로 볼 때, 한시적으로 주식양도세가 면제되는 초기에 투자하는 것이 수익을 더 얻을 수 있는 방법이 될 것이다.

리츠에도 거품이 있을까

● 리츠 공모시에는 투자부동산에 대해 투명하고
정확한 가치평가를 내리는 것이 중요하다 ●

　리츠는 설립 당시 발행 주식 가운데 30% 이상을 일반인에게 공모
하도록 규정하고 있다. 단 구조조정 리츠는 예외이다. 공모에 참여하
고자 하는 투자자들은 증권사에 계좌를 개설하고 일반 공모주 청약
과 동일한 방법으로 참여하면 된다. 그리고 공모 후에는 증권거래소
나 코스닥시장에서 리츠 회사의 주식을 매입하면 된다. 리츠 투자시
유의해야 할 점은 다음과 같다.
　먼저 발기인으로 참여한 출자자들의 인지도, 부동산투자운영 경
험, 공신력, 신용상태 등을 확인해야 한다. 그리고 리츠 출범 초기에
는 거품이 발생할 수 있는데 이를 경계해야 한다. 그러므로 리츠가
제시하는 사업설명서를 읽어보았을 때 사업계획이 납득할 만하고 합
리적이며, 관련되는 투자위험이 정확하고 적절히 안내되고 있는지

리츠 공모 과정

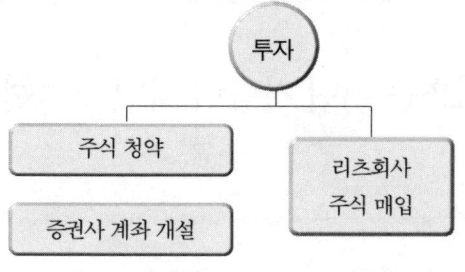

잘 확인해야 한다.

리츠 회사를 운영하는 사람들이 얼마나 효율적이고 투명한 경영을 할 수 있는지도 검토해야 한다. 리츠 회사의 수익률은 결국 회사를 운용하는 투자 전문가에 달린 만큼 운용을 책임진 경영자와 실무자들의 실무경험과 운용능력이 중요하다. 특히 리츠는 부동산펀드이기 때문에 부동산 펀드매니저들의 능력이 가장 중요하다.

리츠 회사의 투자부동산에 대해 투명하고 정확한 가치평가를 내리는 작업도 중요하다. 고수익, 확정수익률을 내세우며 투자자들을 현혹하는 리츠에 대한 투자는 더욱 더 신중하여야 한다. 고수익을 제공하겠다는 사설 리츠업체가 등장할 가능성이 있는데 이들 업체는 잘못 운용되는 경우 원금을 떼일 가능성이 있으므로 인가를 받은 업체인지 확인할 필요가 있다.

리츠는 어떤 사람이 사면 좋을까

• 리츠는 보통 정기적인 수익과 안정적인 배당을
필요로 하는 사람들에게 적당하다 •

리츠는 채권이나 정기예금보다는 수익율이 높고 일반 주식투자보다는 수익률이 낮은 상품이다. 따라서 투자대상으로부터 정기적인 수익을 필요로 하는 은퇴자나 수익률은 높지 않지만 안정적인 배당을 원하는 연기금과 같은 기관투자자들에게 맞는 투자상품이다.

연령, 투자성향, 투자규모, 직업, 현재의 재무구조 등에 따라 투자하는 대상이 다를 수 있다. 나이가 어릴수록, 공격적인 투자성향을 가질수록, 현재 재무구조가 어려울수록 주식과 같은 'High risk high return' 상품에 투자를 많이 한다.

2, 30대 샐러리맨들이 대출을 받아 주식에 투자하는 사례를 주위에서 자주 발견할 수 있을 것이다. 반면 정년퇴직을 한 50대 이후의 사람들은 정기예금이나 채권 등의 투자를 선호한다. 현재 특별한 수익

원천이 없는 고령의 은퇴자들은 아무래도 안정적인 투자상품을 선택할 수밖에 없다.

그러면 리츠는 어떤 사람들에 가장 어울리는 투자 상품일까?

상대적으로 수익성보다는 안정성에 무게를 두는 투자자들에게 선호될 것이다. 리츠는 부동산이라는 실물을 근간으로 하는 투자상품이라는 것이 매력이다. 미국의 경우에도 주요 연기금들은 리츠에 투자하여 투자 위험을 회피하고 있다.

우리의 경우 보험회사, 각종 공제회, 연기금, 은행 등이 현재 설립되고 있는 리츠에 적극적인 투자의향을 보이고 있는 것도 같은 맥락이다. 수백억 원의 자금을 비교적 안정적인 방법으로 수신금리 이상의 수익을 올릴 수 있는 투자처가 별로 없기 때문이다.

일반 개인의 경우에는 월급과 같은 고정적인 수익이 없는 연금생활자와 비교적 안전한 투자를 원하는 사람들에게 적합할 것이다. 주식에 투자하는 샐러리맨의 경우에도 포트폴리오 관리 차원에서 자신의 투자자금 일부를 리츠에 투자해도 좋을 것이다.

저금리와 널뛰기 장세를 보이는 요즘 주식시장에서는 리츠가 매력적인 상품이 될 가능성이 높다.

리즈의 영향과
전망

REITsREITsREITsREITsREITsREITsREITsR

리츠가 시행되면 부동산가격이 오를까

• 리츠는 단기적으로는 부동산가격의 상승요인이 될 수 있다. 그러나
중장기적으로 볼때는 부동산시장을 안정시키는 역할을 한다 •

  많은 사람들이 리츠가 시행되면 부동산가격이 오를 것이라고 예측한다. 리츠가 자금을 모아 부동산에 투자하면 부동산수요를 증가시켜 결국 부동산가격이 오른다는 것이다. 최근 서울 도심, 강남, 여의도에 있는 중대형 오피스빌딩의 매도호가가 오르고 있는 것도 리츠 때문이라고 한다.

  틀린 말은 아니다. 아무래도 리츠는 단기적으로 부동산가격의 상승요인이 될 수 있다. 그러나 정확하게 얘기하면 리츠가 투자할 수 있는 부동산의 가격이 오른다는 것이지 모든 부동산의 가격이 오른다는 것은 아니다. 서울 시내에 있는 중대형 오피스빌딩의 가격은 리츠 시행으로 당분간 강세를 보일 것이지만, 지방에 있는 토지가격까지 오르지는 않을 것이다.

가격은 수요와 공급에 의해 결정된다. 리츠가 생긴다고 수요가 증가하는 것은 아니지만 일시적으로 특정 지역의 부동산가격 상승에 영향을 끼칠 수 있다. 최근 서울 시내의 중대형 오피스빌딩처럼 말이다. 그러나 중장기적으로 볼 때 리츠는 오히려 부동산시장을 안정적으로 유지하는 기능을 할 것이다.

예를 들어 아파트 가격은 공급에 비해 수요가 많을 때 올라간다. 아파트 임대사업을 하는 리츠가 생긴 것을 수요가 증가한 것으로 볼 수 없다. 아파트 수요는 결혼, 분가, 이사, 평형 확대 등에 따라 좌우된다. 리츠가 없어도 공급이 부족하면 아파트 가격은 오르고 리츠가 있어도 공급이 넘치면 아파트 가격은 내려간다. 오히려 아파트 임대사업을 하는 리츠가 많이 있으면, 과학적인 수급예측을 통해 아파트 임대 및 매매 가격을 안정시킬 가능성이 높다.

리츠는 부동산수요를 증가시키는 것이 아니라, 큰 강에 설치되어 있는 댐처럼 부동산수요를 시스템화 하는 기능을 한다. 우리는 댐으로 강물의 수위를 조절한다. 비가 많이 와서 강물이 넘치면 댐의 수문을 열고, 가뭄이 드는 경우에는 수문을 닫아 물을 저장한다.

리츠도 마찬가지다. 부동산가격이 급등하는 경향이 있으면 부동산 매입을 자제하고, 부동산가격이 하락하면 매입을 확대하여 부동산가격을 안정시키는 역할을 할 것이다.

리츠는 부동산경기를 활성화시킬 수 있을까

• 본질적으로 부동산수요가 늘지는 않지만 리츠로 인해 부동산 투자수요
기반이 확대되므로 부동산거래가 활성화될 가능성이 있다 •

우리나라에 부동산투자회사제도를 도입해야 하는 이유로, 흔히 이
를 통해 침체에 빠진 부동산경기를 부양하여 위기에 처한 건설업계
를 살려야 한다는 논리가 전개되곤 한다. 과연 그럴까? 원칙적으로
말해 부동산투자회사제도 도입으로 부동산경기를 부양할 수도, 건설
업체를 살릴 수도 없다.

부동산투자회사는 부동산투자에 대한 수요기반을 확대한다. 지금
까지 아파트, 오피스텔이나 소규모 상가를 제외하고는 투자규모가
너무 커서 기업이나 부유한 소수의 개인만이 부동산에 투자할 수 있
었다. 그러나 이제는 부동산투자회사를 통해 누구나 소액으로도 대
형 부동산에 투자할 수 있게 되었다. 투자수요기반이 확대되었으므
로 부동산거래가 활성화될 가능성이 있다는 것이다.

그러나 본질적으로 투자수요는 수익성과 안정성에 좌우된다. 최근 국채와 회사채간의 금리차이가 커지거나, 기업의 상황에 따라 조달금리가 큰 차이가 나는 것도 그런 이유이다. 부동산에 대한 투자도 마찬가지다. 투자에 따르는 위험을 고려한 수익률이 다른 투자상품에 못 미친다면 투자자를 구할 수 없을 것이다.

부동산투자회사의 수익률은 기본적으로 부동산의 수요 및 공급과 밀접한 관계를 가질 뿐, 부동산투자회사제도의 도입과는 무관하다. 예를 들어 부동산투자회사가 사무실에 투자한다고 사무실에 대한 수요가 늘어나지는 않는다.

사무실에 대한 수요는 사무실을 이용하는 사람의 수와 일인당 사용하는 면적에 좌우된다. 사무실에 대한 수요가 늘고 공급이 그에 따

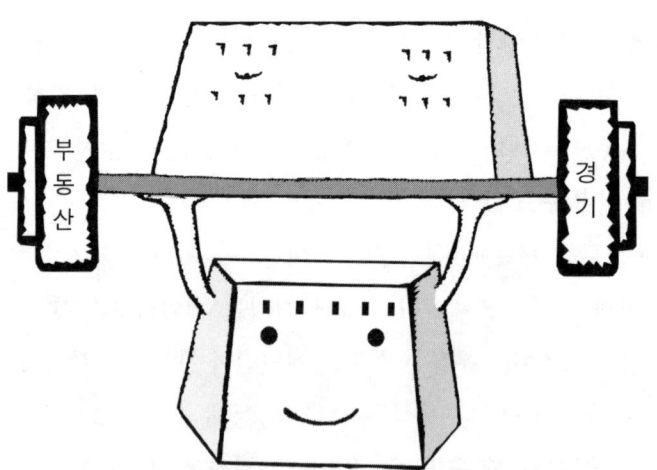

리츠가 사무실에 투자한다고 사무실 수요가 늘지는 않는다. 다만
부동산투자의 장벽을 없앰으로써 시장기능을 개선하는 효과가 있다.

라 늘어나지 않으면 임대료는 올라가고 사무실에 투자한 사람의 수익률은 올라간다. 사무실에 투자한 사람이 개인이든 부동산투자회사든 이런 사실은 달라지지 않는다. 따라서 부동산투자회사제도 도입에 따라 부동산경기가 활성화될 것이라고 단순하게 생각해서는 안 된다.

다만 부동산투자에 대한 진입장벽(제한된 투자자) 때문에 시장이 왜곡되었다면 이를 정상화할 수 있다. 예를 들어 사무실에 대한 수요가 늘어나면 이에 따라 공급도 늘어나는 것이 정상이지만, 새로운 공급에 대한 투자자를 구할 수 없다면 공급부족현상이 비정상적으로 지속될 수 있다.

이런 상황에서 부동산투자회사제도가 도입되어 투자수요기반을 확대하게 된다면 부동산경기를 부양하고 건설업계를 살리는 것으로 보일 수 있다. 그러나 사실 이는 진입장벽과 비효율로 시장이 제기능을 다하지 못하는 상황을 개선한 결과일 뿐이다.

인플레이션은 리츠에 어떤 영향을 미칠까

• 인플레이션이 발생하면 채권의 실질수익률은 떨어지나
부동산의 실질수익률은 떨어지지 않는다. 즉 인플레이션은
리츠 주가의 상승으로 이어질 가능성이 높다 •

흔히 인플레이션이 발생할 때는 금융자산보다 실물자산을 보유하라고 권한다. 금융자산은 인플레이션 헤지 기능이 없는데 비해, 실물자산은 인플레이션 헤지 기능이 있기 때문이다. 부동산은 대표적인 실물자산이다. 따라서 인플레이션이 일어날 때 채권 같은 금융자산을 보유하는 것보다 부동산을 보유하는 것이 훨씬 유리하다고 생각할 수 있다. 이제 그 이유를 살펴보자.

첫째, 원가라는 측면에서 살펴볼 수 있다. 부동산 감정평가의 복성식평가법 측면에서의 접근방식이다. 인플레이션이 발생하면 건물을 동일하게 다시 짓는데 드는 비용이 상승한다. 새로 건물이 필요한 사람 입장에서는 짓든지 사는 방법밖에 없기 때문에, 짓는 비용이 올라

인플레이션은 리츠에 어떤 영향을 미칠까

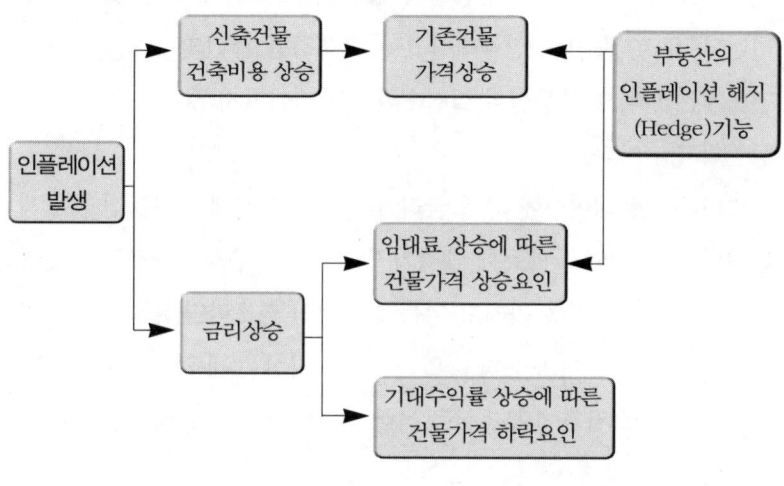

가면 기존 건물의 가격도 상승하게 된다. 인플레이션이 발생해도 정해진 이자와 원금만을 받을 수 있는 채권과 비교했을 때 부동산의 장점이 무엇인지 알 수 있을 것이다.

둘째, 실질수익률 면에서 살펴보자. 인플레이션이 발생하면 부동산관리비 지출이 증가하지만 이는 지출에 연동된 관리비수입 증가로 연결되지 않는다.

금리는 물가상승률과 경제성장률의 합이라는 일반론에 비추어 인플레이션이 발생하면 올라가게 된다. 금리가 올라가고 임대료가 일정하다면 부동산 소유자는 부동산을 팔고 임차를 하는 것이 유리해진다. 따라서 부동산임대료 또한 올라가게 된다. 즉 인플레이션이 발생하면 부동산임대료가 올라간다. 실무적으로 분석할 때 연간 부동산임대료 상승률을 물가상승률과 같은 것으로 가정하는 것은 바로 이런 이유 때문이다. 인플레이션이 발생하면 채권의 실질수익률은 떨어지는데 비해 부동산의 실질수익률은 떨어지지 않는다는 점이 부동산의 장점이다.

그러나 인플레이션에 의해 금리가 상승한 시점에서 부동산을 팔게 된다면 높은 할인율 때문에 매각가격이 떨어져 손실을 볼 수도 있다. 안정적인 수익기반을 가지고 있는 정상적인 리츠라면, 물가상승률이 높아졌을 때 기존에 보유하고 있는 부동산자산은 계속 보유하는 한편 높은 할인율로 저가에 부동산을 적극 매입하기 위해 노력할 것이다.

리츠 회사 설립, 1등 전략이 좋을까
2등 전략이 좋을까

• 제도의 미비, 초기 시장진입으로 인한 비용이 높으므로 큰
위험을 피하기에는 1등 전략보다는 2등 전략이 유리하다.
그러나 선점효과를 얻지 못한다는 단점이 있다 •

마케팅전략 중에 2등전략이라는 것이 있다. 2등전략이란 새로운 상품을 출시할 때 경쟁자가 먼저 시장에 내놓는 것을 기다렸다가, 반응이 좋으면 시장에 진입하고 나쁘면 투자하지 않는 전략이다. 이 전략은 시장에서 검증되지 않은 신상품을 출시하는데 따른 각종 위험을 회피하는데 중점을 두고 있으며, 선점효과가 적은 경우나 선점효과를 상쇄할 만한 강력한 유통망 또는 브랜드파워를 가진 강자인 경우 취할 수 있는 전략이다.

대형 제과업체나 음료업체 등은 소형업체가 신제품을 출시하기를 기다렸다가 시장의 반응이 확인되면 유사상품을 즉시 출시하고 대대적인 광고를 한다. 그리고 기존의 자사 상품으로 형성된 유통망을 적

극 활용해 자사의 유사상품을 시장에 강력하게 진입시켜 시장을 장악한다.

그러나 이런 전략이 항상 성공하는 것은 아니다. 왜냐하면 선점효과라는 것이 있기 때문이다. '미원'의 사례에서부터 '오리온 초코파이'까지 선점효과를 잘 살린 많은 사례들이 있다.

금융 분야에서도 선점효과가 드러난다. 우리나라에 수많은 뮤추얼펀드가 있지만 일반인들의 머릿속에 가장 강력하게 기억되는 것은 '박현주펀드'가 아닐까 한다. 이는 선점효과가 살아 있는 사례라고 할 수 있다.

그러면 리츠에 대해서 살펴보자. 국내 한 기업의 경우, 리츠 참여에 대하여 예의 2등전략을 세운 것으로 알려지고 있다. 이런 전략을 채택하는 이유로는 첫째, 리츠가 우리나라에 처음 소개되는 신상품

1등 전략은 선점효과, 2등 전략은 비용과 위험 경감이라는 장점을 각각 가지고 있다.

이기 때문에 시장의 반응을 알 수 없기 때문이다. 둘째는 '부동산투자회사법'이 여러 가지로 미비한 점이 많아 이를 해결하는 데 상당한 노력과 비용이 들 것이며, 그 부담을 선발업체가 짊어질 것이라는 점을 들 수 있다.

특히 제도의 미비로 인한 비용과 고통이 상당할 것으로 판단되는 경우, 국내에서 잘 알려져 소위 브랜드파워를 가진 기업이라면 2등전략을 취하는 것이 오히려 유리할 수도 있다.

반면 박현주펀드나 첫번째로 달에 발을 디딘 암스트롱의 사례에서 보듯이, 2등에게는 기회가 없을 수도 있다. 대중들이 1등만 기억할 수도 있기 때문이다.

결과적으로 리츠 시장을 선점하는데 따른 득실은 첫번째 리츠에 대한 시장과 매스컴의 반응과, 제도 미비에 따라 선발주자가 부담해야 할 비용 정도에 달려 있다.

리츠가 일반 기업에는 어떤 영향을 미칠까

• 리츠는 부동산을 기업 부문에서 떼어내 기업의 구조조정을 촉진시키고
주업에만 전념시켜 경쟁력을 높여 주는 역할을 한다 •

　　대부분의 기업에 있어서 부동산은 매각해야 할 자산 중의 하나다.
왜냐하면 그 기업들이 부동산을 주업으로 하고 있지 않기 때문이다.
부동산이 주업이 아닌 회사가 부채를 안고서도 부동산을 꼭 소유하
고자 한다면, 이는 주업에서 부동산 임대에 따른 수익만큼도 수익을
얻기 어렵다고 판단하고 있다고 볼 수밖에 없다. 그렇다면 주업을 부
동산업으로 변경하는 것이 옳은 선택이다.

　　그러나 주업이 부동산업보다 수익성이나 성장성이 더 크다고 판단
된다면 당연히 부동산을 처분하여 주업에 투자해야 한다. 부동산에
돈을 묶어 놓는 것은 엄청난 기회손실이기 때문이다. 물론 기업 대주
주의 개인적인 취향이나 고집으로 부동산을 소유하고 있는 것이라면
기본적으로 이야기가 되지 않는다. 따라서 부동산이 주업이 아닌 대

부분의 기업에 있어서 부동산은 처분해야 할 자산이다. 이때 리츠는 부동산을 기업 부문에서 떼어내 기업의 구조조정을 돕는데 큰 기여를 할 수 있다. 리츠를 통하여 기업들이 더 이상 부동산에 신경쓸 필요 없이 주업에만 전념하여 세계적인 경쟁력을 갖추는 시대가 열릴 것으로 기대한다.

소유와 경영의 분리는 우리 경제의 구조조정을 위한 큰 이슈이다. 대주주이긴 하지만 주식의 일부만 가진 사람이 회사를 마음대로 경영하고 진정한 전문경영인 하나 성장하지 못하는 한국의 기업구조, 배당이 아닌 경영과정에서 수익을 빼내 갈 수 있기 때문에 배당에 무관심한 대주주와 이런 기업에 투자할 이유가 없는 일반 투자자들, 소유와 경영이 분리되지 않아 생기는 이런 문제들이 모두 우리나라에 IMF라는 위기를 몰고 온 중요한 원인이었다. 소유와 경영의 분리, 이것이 바로 리츠가 도입되어야 하는 중요한 이유 중의 하나다.

할인점을 예로 들어보자. 어떤 사람이 할인점 운영을 아주 잘한다고 하자. 이 사람은 부동산을 소유하는 데는 관심이 없지만 할인점을 늘려나가고 싶어한다. 그런데 우리나라에서는 이런 일이 참 어렵다. 임차했을 경우, 장사가 잘된다 싶으면 소유자가 나가라고 하기 때문이다. 이 때 임차인은 임대료를 올려 주거나 시설투자한 것을 다 손해보고 나가야 한다. 계약을 잘 하면 되는 거라고 말할 수도 있겠지만 현실은 그렇지 않다. 결국 부동산을 소유하는데 관심이 전혀 없던 이 사람도 부동산을 사야겠다고 결심을 하게 된다. 그래서 번 돈을 다 모아서 조그만 점포를 하나 산다. 그러나 그 돈으로 임대를 통해 점포를 확장해 나갔다면 벌써 몇 개의 점포를 운영했을 것이다.

이것이 어쩌면 월마트와 이마트의 성장속도 차이일지도 모른다. 이것이 어쩌면 수백 개의 호텔을 운영하는 세계적인 호텔 운영업체가 우리나라에서 나올 수 없는 이유인지 모른다. 이것이 바로 돈은 없지만 아이디어와 열정, 능력을 가진 많은 젊은이들이 우리나라에서는 사업을 못하겠다고 절망하는 이유인지도 모른다. 리츠는 부동산의 소유와 경영을 분리하여 경영을 잘하는 전문경영자에게 그 경영을 맡기되, 수익의 대부분을 소유자에게 배당하도록 함으로써 양자가 만족할 수 있도록 해준다. 이제 리츠를 통해 전문지식과 경험이 대접을 받고, 전문경영인의 가치가 인정되면서 소액주주들의 권리가 무시되지 않는 바람직한 사업구조를 우리나라에서도 펼쳐볼 수 있게 되었다.

리츠는 부동산의 소유와 경영을 분리하여 경영을
잘하는 전문경영자를 키우는 역할도 한다.

리츠가 과세에는 어떤 영향을 줄까

• 리츠가 정확하게 세금을 내게 되면 비합리적인
탈세가 줄어들고 공정과세가 정착하게 될 것이다 •

부동산은 태어나서 죽을 때까지 세금이 붙는다. 부동산을 매입하는 경우 취득가액의 5.8%에 해당하는 금액을 취득세 및 등록세 등으로 납부해야 한다. 1000억 원짜리 빌딩을 구입한다면 58억 원을 세금으로 부담해야 한다는 것이다. 물론 과세기준은 부동산 유형 및 거래시기 등에 따라서 달라진다. 또 실제 거래가가 될 수도 있고 때에 따라서는 기준시가가 과세기준이 될 수 있다.

그리고 보유하고 있는 동안에는 재산세 및 종합토지세를 부담한다. 처분하는 경우에도 때에 따라서는 양도소득세 또는 특별부가세를 납부한다. 양도차액의 40%를 양도소득세로 납부해야 하는 경우도 있다. 그래서 부동산을 처분해도 세금을 내고 나면 남는 것이 없다고도 한다.

부동산에 부과되는 세금이 매우 다양하고 그 요율도 높아 세금을 적게 내고 싶은 마음이 커지는 것이 사실이다. 솔직히 우리나라만큼 부동산과 관련하여 탈세의 매력이 큰 나라도 없을 것이다. 그렇다 보니 부동산의 운영을 제3자에게 맡기는 경우는 거의 없다. 소유자가 직접 관리하거나 친인척이 회사를 세워 관리하게 하는 것이 대부분이다.

그러나 부동산투자회사가 관련 법령에 따라 부동산으로부터 발생하는 수입, 지출, 수익내역을 정확하게 공개하고 정당한 세금을 납부하게 되면, 가짜 장부로 탈세를 즐겼던 기존의 부동산 소유자들은 상당한 고민에 빠질 것이다.

예를 들어 1000억 원 규모의 빌딩을 거래하면서 거래 당사자들이 공모하여 거래금액을 500억 원으로 신고한다면, 빌딩을 구입하는 사람은 세금으로 납부해야 할 금액 중 20억 원 이상을 절감할 수 있다.

리츠가 정확하게 세금을 내면 탈세를 했던
기존의 부동산 소유자들은 고민하게 된다.

얼마나 매력적인가?

그러나 인근에 1000억 원 상당의 빌딩을 리츠가 구입했다면, 리츠는 거래금액을 1000억 원으로 신고하고 세금으로 50억 원 이상 납부할 것이다. 리츠는 모든 현금 입출입의 통제를 받기 때문에 탈세를 위한 거래금액 축소 등은 생각도 할 수 없다

이렇게 되면 세금을 받는 기관에서는 의심을 가지지 않을 수 없다. 비슷한 빌딩 두 개가 거래되었는데 하나는 500억 원에 신고되고 하나는 1000억 원에 신고되었다면, 분명히 하나가 잘못되었다고 생각할 것이다.

전문가들은 부동산투자회사를 통해 우리나라의 부동산시장에도 공정과세가 뿌리내릴 수 있다고 말한다. 탈세의 매력에 이끌려 비합리적이고 경쟁력 없이 부동산을 운영하는 시대가 이제는 끝나기를 바란다.

리츠에는 어떤 기관들이 참여하게 되나

• 리츠가 수익을 창출하여 투자자에게 돌려주는 과정에는 부동산 관련
회사 외에 보험회사, 증권회사 등 여러 전문기관들이 참여한다 •

리츠가 수익을 창출하여 투자자에게 돌려주는 과정에는 많은 전문
기관들이 참여한다. 증권회사는 주식의 공모 및 기관투자가 유치가
주된 역할이다. 상장 및 증자업무 대행을 통한 수수료 수입획득이 주
목적이다. 그러나 부수적으로 랩어카운트 등 통합자산관리 서비스의
범위에 리츠 주식투자를 포함시키기 위해 리츠 산업에 진출하기도
한다. 부동산컨설팅회사, 부동산신탁회사는 리츠의 투자대상 자산에
대한 평가운용과 관련이 있다. 그래서 리츠의 자산 매입, 운용(개발
관리), 처분과 관련된 업무를 수행하며, 자산운용회사(AMC), 부동
산투자자문회사의 두 가지 형태이다.

보험회사, 부동산투자회사(외국계), 부동산공기업(자산관리공사, 토
지공사, 주택공사)은 리츠 투자대상 부동산 보유자들이다. 이들은 리

리츠 참여기관과 역할

참여기관	역할
증권회사	주식공모 및 기관투자가 유치
부동산컨설팅회사 부동산신탁회사	자산운용, 부동산투자자문
보험회사 외국계 투자회사 부동산 공기업	리츠 설립, 보유자산 리츠에 양도
부동산신탁회사 신탁경영은행 각종 공기금	리츠 자산 보관회사
공제회 공제조합	자산운용 대상
건설업계	개발사업 자금공급 기대 리츠에 완성부동산 판매

츠를 설립하거나 구조조정 리츠의 자산운용회사(AMC)를 설립하여 보유자산을 리츠에 양도할 것으로 예상된다.

부동산신탁회사, 신탁경영은행 등은 리츠의 자산보관회사로서 기능이 예정되어 있다. 국민연금 등 각종 공기금과 군인공제회, 교원공제회, 건설공제조합 등의 각종 공제회와 공제조합은 자산의 운용처로 리츠를 고려할 수 있다. 또 건설업계는 리츠가 부동산의 유력한 투자자로 부상함에 따라 리츠로부터 개발사업에 대한 자금공급을 기대할 수 있다. 게다가 리츠는 완성된 부동산의 수요자가 될 수도 있기 때문에 건설업계는 리츠의 직·간접적인 수혜자가 될 수 있다. 물론 리츠로 인해 부동산경기가 활성화가 된다면 가장 큰 혜택을 얻을 것이다.

리츠는 어떤 전문지식을 필요로 할까

• 리츠에는 자산운용, 시설관리, 정보서비스, 부동산가치평가,
신용평가, 자산보관 등의 전문적인 지식을 필요로 한다 •

리츠는 부동산 분야의 다양한 전문지식을 필요로 한다.

먼저 자산운용기능이다. 자산운용기능은 자산 포트폴리오를 구성할 수 있는 능력을 말한다. 여기에는 부동산에 한정된 지식이 아니라 경제상황 전반과 금융에 대한 포괄적이고 깊은 통찰력을 필요로 한다. 그리고 투자대상 부동산에 대한 투자판단과 대체재인 채권 등의 금융상품에 대해서도 충분한 감각이 있어야 한다.

그리고 개별 부동산에 대한 수익성 관리능력이 요구된다. 리츠는 보유 부동산의 수익성 관리, 즉 적정 임대가 산정, 임차인 및 임대료 관리 등의 노하우가 있어야 한다. 이것은 수익창출의 핵심능력이다. 그렇기 때문에 빌딩 임대관리나 부동산의 이전·중개 등에 대한 노하우와 데이터를 축적한 업체가 구조조정 리츠의 자산관리회사로 발

전할 가능성이 높다.

개별 부동산에 대한 시설관리능력도 필수다. 건물유지관리 등 시설관리는 통상 리츠가 외부 전문업체에 위탁하여 관리하지만, 외부 전문업체의 관리를 위해 리츠 또는 자산관리회사 자체에 전문 인력을 보유해야 함은 당연하다.

부동산정보서비스기능도 필요하다. 부동산정보의 수집, 가공, 공개, 유통기능을 담당하는 조사기능 및 빌딩 관리회사, 자문회사, 중개회사, 감정회사, 개발회사 등이 가지고 있는 자료를 취합하여 이를 데이터베이스화 할 수 있는 전문기능이 필요하다. 이와 관련해서도 전문회사가 출범할 것으로 예상된다.

부동산가치평가기능도 필요하다. 리츠는 철저히 수익 중심으로 부동산을 매입하고 운용, 처분할 것이다. 부동산에 대한 평가는 수익환원법이 주류를 이룰 것이고, 따라서 부동산 수익에 대한 과거 데이타가 중요하다. 감정평가기관이 기본적으로 주도하겠지만 컨설팅회사들의 약진도 예상된다.

리츠에 대한 신용평가 또한 필요할 것이다. 리츠의 지분, 주식 등에 대한 신용평가 혹은 부동산사업에 대한 신용평가 등이 기존의 신용평가기관 중심으로 이루어질 것으로 보인다.

부동산투자자문기능은 기존의 컨설팅업체를 중심으로 정보서비스기능과 함께 발전할 것이다. 막연한 감에 의존한 자문에서 과학적이고 분석적인 투자조언으로 변화되어야 할 것이다.

자산보관기능은 법률에 의해 강제된 기능이다. 이것은 중립적인 제3자인 신탁회사들에게 자산을 보관시켜 투자자의 재산을 보호하

자는 취지인 것으로 보인다. 실행과정에서 리츠의 자산관리에 소요
되는 절차적, 비용적 지출이 부담스럽지만 정착되는 형태는 지켜볼
일이다.

리츠는 다양하고 높은 수준의 지식을 필요로 한다

토지도 리츠의 투자대상이 될 수 있을까

• 토지가 리츠의 직접투자대상이 되기는 어렵다. 토지 자체에서
운영수익을 얻기도 힘들고 투자에 따른 리스크도 크기 때문이다 •

리츠는 부동산의 규모, 유형, 지역에 상관없이 모든 부동산에 투자
할 수 있다. 물론 구조조정 리츠의 경우에는 투자할 수 있는 자산의
70% 이상을 기업구조조정용 부동산에 투자해야 한다.

미국의 경우 리츠가 투자하는 부동산 중 주거용 건물과 오피스빌
딩이 전체의 30%를 넘는다. 수익이 일정하면서도 상대적으로 운영
리스크가 낮기 때문이다. 우리나라의 경우에도 큰 차이가 없을 것으
로 예상된다. 구조조정 리츠를 준비하는 대부분의 회사들도 도심, 강
남, 여의도 내에 위치한 오피스빌딩을 주요 투자대상으로 삼고 있다.

그렇다면 토지와 리츠는 어떤 관련이 있을까? 토지는 리츠의 직접
적인 투자대상이 되기는 힘들 것이다. 토지 자체를 운영하여 수익을
얻기가 힘들기 때문이다. 개발사업을 위해 취득하는 경우는 있지만,

토지를 취득한 후 시세차익을 남기고 매각하는 것은 법으로 금지하고 있다. 물론 개발사업 자체가 불가능하거나 현저히 손해를 입게 될 가능성이 있는 경우에는 재매각할 수 있다.

어쨌든 토지는 단기간에 수익이 발생하기 어렵다는 점, 개발사업을 위해 취득한다고 하더라도 개발사업 자체의 리스크가 크다는 점 등으로 인해 당분간 리츠와 친한 부동산은 되지 않을 것 같다.

그렇다면 앞으로는 어떻게 될까? 리츠가 정착되고 규모가 커진다면 토지에 대한 리츠의 투자전략도 수정될까? 리츠는 수익성보다는 위험회피에 우선순위를 둔다. 그러므로 아무리 높은 수익이 예상되어도 리스크가 크다면 투자를 하지 않을 것이다. 토지 취득 후 개발이나 시세차익을 노린 재매각은 어쨌든 리스크가 큰 투자 방법이다.

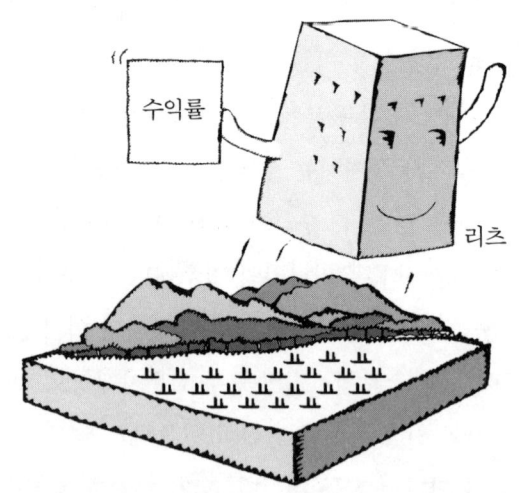

토지는 리츠의 직접투자대상이 되기 어렵다. 토지 자체에서 운영 수익을 얻기도 힘들고 투자에 따른 리스크도 크기 때문이다.

리츠와 유사 부동산펀드는 어떻게 다를까

• 유사 부동산펀드는 사적 계약에 의해 운영되므로 안전하지
못할 수도 있다. 그래서 리츠가 아닌 유사 부동산펀드에는
'부동산투자회사'라는 단어를 사용할 수 없다 •

리츠와 유사 부동산펀드의 차이점은 무엇인가? 유사 부동산펀드
란 무엇인가?

리츠가 운영실적 등의 정보를 상세히 공개하도록 하고, 운영자의
능력을 시장에서 검증받고, 운영자가 규정을 위반했을 때는 벌칙을
부과하는 등 여러 가지 방법으로 투자자를 보호하는데 비해, 유사 부
동산펀드는 전적으로 펀드 모집자 또는 운영자에 의존한다. 그리고
문제가 발생하기 전에는 관계기관이 개입할 수도 없다.

유사 부동산펀드란 '부동산투자회사법의 적용을 받지 않고 사적으
로 자금을 모아 부동산 등에 투자하는 자금의 모임'이라고 할 수 있
다. 따라서 투자하는 사람과 투자를 유치하는 사람과의 사적 계약에

의하여 펀드가 조성되고 집행된다. 그러므로 자금의 모집과 집행, 투자 부동산의 선정, 부동산 운용 및 처분 등을 펀드 조성자가 마음대로 할 수 있는 가능성이 많다.

리츠가 시행되기도 전에 신문 등을 통해 '부동산뮤추얼펀드', '부동산간접상품' 등의 용어를 사용하는 광고를 본 적이 있을 것이다. 이런 것을 유사 부동산펀드라고 한다.

유사 부동산펀드는 자금을 유치하기 위하여 과장광고나 허위광고를 할 수 있고, 터무니없이 높은 수익률을 제시하기도 한다. 때로는 자금이 모아졌을 때 그 자금을 가지고 펀드 조성자가 도망가 피해자가 발생하는 경우도 있다.

그렇다면 리츠에 투자하면 항상 안전하고 유사 펀드에 투자하면 항상 손실을 보게 될까? 유사 부동산펀드에 투자해도 돈을 벌 수 있다. 다만 모든 절차가 공시되고 관련 기관으로부터 감독을 받는 리츠

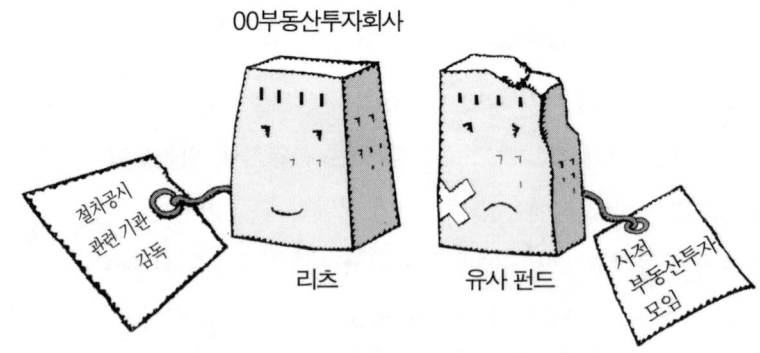

○○부동산투자회사

절차공시
관련 기관
감독

리츠

유사 펀드

사적
부동산투자
모임

유사 부동산펀드는 '부동산투자회사'라는 명칭을 사용할 수 없다.

가 사적 계약으로 이루어진 유사 부동산펀드보다 안전할 가능성이 높다.

리츠와 유사 부동산펀드는 어떻게 구분할 수 있을까? 방법은 아주 간단하다. 리츠가 아닌 경우에는 상호에 '부동산투자회사'라는 단어를 사용할 수 없다. 그리고 이 단어를 도용한다고 하더라도 리츠는 건설교통부에 인가되어 있으므로 관계 부처에 확인할 수 있다.

투자는 전적으로 투자자의 책임으로 이루어진다. 그러므로 어디에 투자하든 세심한 주의가 필요하다.

내가 가진 부동산도 리츠에 팔 수 있을까

• 관리비용의 점감을 위해 리츠는 대부분 대형 부동산에 투자한다.
고수익의 부동산이 아니라면 소형 부동산을 리츠에 팔기는 힘들다 •

　자본금 1000어 원짜리 리츠라고 해도 임직원은 고작 10여 명 내외
일 것이다. 리츠를 준비하고 있는 한 외국계 부동산컨설팅회사의 경
우, 1000억 원 규모 구조조정 리츠를 실질적으로 운용할 자산관리회
사(Asset Management Company)의 임직원을 7~8명 정도로 예상하
고 있다.

　리츠는 매년 1회 내지 2회 배당을 한다. 배당을 많이 해주기 위해
서는 몸을 가볍게 해야 한다. 몸이 가볍다는 것은 인력의 소수 정예
화도 포함되겠지만 부동산 수량의 소수 정예도 포함된다.

　즉 자산이 1000억 원인 리츠가 두 개 있다고 가정하자. 한 리츠의
자산은 50억 원 규모의 중소형 빌딩 20개로 구성되어 있고, 또 다른
리츠의 자산은 500억 원 규모의 오피스빌딩 두 개로 이루어져 있다

면 어떤 리츠가 유리하겠는가?

50억 원 규모의 중소형 빌딩의 임대료 수익률이 대형 빌딩 임대료 수익률의 2배 내지 3배가 되지 않는한, 500억 원 규모의 빌딩 두 개를 갖고 있는 리츠가 유리할 것이다. 500억 원 규모의 빌딩 관리는 50억 원 규모의 빌딩 관리보다 좀더 전문성이 필요하겠지만, 궁극적으로는 차이가 별로 없다. 그렇다면 적은 수량을 관리하는 것이 유리하다는 것이다.

따라서 리츠가 투자하는 부동산은 최소 100억 원 이상은 돼야 하

리츠 투자대상 부동산은 대형이다.
내 부동산이 소형이라면 리츠에 팔기는 힘들 것이다.

며, 평균 300억 원 이상 되는 부동산을 투자대상으로 본다. 서울 도심의 대형 빌딩 가격이 보통 500억 원 이상이라는 것을 생각하면, 리츠를 설립할 수 있는 최소 자본금 500억 원으로 구입할 수 있는 부동산은 많지 않다.

또한 리츠가 투자하는 부동산 유형으로는 오피스빌딩, 임대사업용 아파트, 호텔, 병원, 할인점 등이 우선적으로 고려될 것으로 예상된다. 미국의 경우에는 주거용과 오피스빌딩이 각각 16%를 조금 넘으면서 전체의 30% 이상을 차지한다. 리스크와 수익률을 고려한 투자인 것이다.

그렇다면 내가 갖고 있는 부동산도 리츠에 팔 수 있을까? 당분간은 서울에 있는 100억 원 이상의 오피스빌딩이나 수익성 부동산이 아니면 리츠에 팔 수 있는 기회가 없을 것 같다. 그러나 하이일드펀드(High yield Fund)처럼 고수익을 노리는 부동산 투자전략의 리츠가 탄생된다면 투자대상이 되는 부동산도 확대될 것으로 전망된다.

리츠가 투자환경에 미치는 영향은 무엇일까

• 리츠는 과학적이고 합리적인 투자방법으로 건전한 투자환경을 유도한다 •

리츠는 부동산시장에 있어 새로운 '투자수요' 이다. 부동산수요에는 크게 세 가지 형태가 있다. 첫째 부동산을 직접 이용하기 위해 구입하는 경우, 둘째 부동산으로부터 수익을 얻기 위해 투자하는 경우, 마지막으로 이용하면서 수익도 바라는 혼합형태가 있다. 리츠는 두 번째 경우에 해당된다. 부동산으로부터 발생되는 수익을 얻기 위해 부동산을 구입하고 운영하며 처분하는 것이다.

리츠 제도가 도입되기 전 우리나라의 부동산 투자시장은 주체, 규모, 형태 등을 기준으로 양분되어 있었다. 자금을 많이 갖고 있는 기업들이 공장, 토지, 빌딩 등 고가의 부동산을 구입하여 자신들이 사용한 후 시세차익을 보고 매각하는 경우가 있었다. 그리고 일반 서민들은 아파트나 단독주택 등 주거용 부동산에 적은 금액으로 투자했다.

정확하게 이야기해서 투자만을 목적으로 부동산을 구입하는 경우는 거의 없었다. 그러다 보니 투자형태나 기법들이 영세하고 원시적이다. 유일한 투자전략은 '싸게 사놓고 가격이 오르면 판다'였다.

리츠는 부동산에 전문적으로 투자하는 회사이다. 그러므로 투자금액도 크고 투자기법도 전문적이다. 예전에 기업이나 개인이 부동산에 투자했던 것과는 다르다. 시세차익 즉 자본이득(Capital Gain)을 생각하는 투자는 잘 하지 않는다. 리츠는 부동산을 운영하여 발생하는 수익을 기준으로 투자를 한다. 물론 그렇다고 자본이득을 전혀 염두에 두지 않는다는 것은 아니다.

리츠 도입의 의미는 단순히 부동산 '투자수요'의 출현에 국한되지 않는다. 보다 과학적이고 합리적인 방법으로 부동산에 투자하는 수요세력이라고 할 수 있다. 시장에서 수요자가 합리적이라면 공급자도 합리적으로 바뀔 것이다.

그리고 시장의 공급자와 수요자가 합리적이고 이성적인 사고와 결정을 한다면 그 시장은 보다 안정적인 형태로 발전해 나갈 것이다. 우리나라 부동산시장이 리츠 제도의 도입으로 보다 건전하고 발전적인 모습으로 변해가길 기대한다.

KI신서 413
리츠 투자 핵심포인트70

지은이 | 김정렬, 윤보현, 이경욱, 양철원

1판 1쇄 인쇄 | 2001. 11. 10
1판 1쇄 발행 | 2001. 11. 15

펴낸곳 | (주)북21
펴낸이 | 김영곤
책임편집 | 송성호
본문디자인 | 디자인캠프
인쇄 | 천일문화인쇄
제본 | 영신사

등록번호 | 제10-314호
등록일자 | 1989. 4. 4

주소 | 서울시 마포구 서교동 464-41 미진빌딩 4층(121-841)
전화 | 02-336-2100(대표)
팩스 | 02-336-2151
e-mail | book21@book21.co.kr
홈페이지 | http://www.book21.co.kr

값 13,000원(부록포함)
ISBN 89-509-0479-9 13320

완벽도해 리츠 투자 핵심포인트 **70**

별책부록 # 최신 리츠법 해설

2001년 8월
리츠법 개정안 포함

21세기북스

리츠 투자 핵심포인트 70

별책부록 **최신 리츠법 해설**

본 부동산투자회사법 해설은 부동산투자회사법(2001년 5월 24일 법률 제6483호로 개정)과 부동산투자회사법시행령(2001년 8월 현재)을 기준으로 정리한 것임.

제1장 총칙

제1절 부동산투자회사법

1. 형식적 의의

형식적 의의의 부동산투자회사법은 2001.4.7 법률 제6471호로 제정되고, 2001.5.24 법률 제6483호로 개정되어 2001.7.1자로 시행된 「부동산투자회사법」을 말한다. 「부동산투자회사법」은 총 8장, 54개 조문으로 이루어져 있고, 내부 검토안 단계인 부동산투자회사법시행령(안)은 총 41개조문으로 구성되어 있다. 부동산투자회사법은 총 8장으로 이루어져 있으며 다음과 같이 편성되어 있다. 제1장 총칙, 제2장 설립기관 등, 제3장 업무, 제4장 감독, 제5장 합병 및 해산, 제6장 등기, 제7장 보칙, 제8장 벌칙 및 부칙이다.

2. 실질적 의의

실질적 의의의 부동산투자회사법은 부동산투자회사의 설립 조직 및 운영에 관한 법규의 전체를 말한다. 부동산투자회사법, 동 시행령 및 시행규칙과, 일반법인 상법, 증권거래법, 선물거래법, 신탁업법, 자산유동화에 관한 법률, 부동산관계세법 등 부동산투자회사와 관련된 관계법규 모두가 포함된다.

3. 제정취지

부동산투자회사법은 "이 법은 부동산투자회사의 설립과 부동산투자회사의 자산운용방법 및 투자자보호 등에 관한 사항을 정함으로써 일반 국민이 부동산에 투자할 수 있는 기회를 확대하고 부동산에 대한 건전한 투자를 활성화하여 국민경제의 발전에 이바지함을 목적으로 한다."(법 제1조)

시행령(안)은 "이 영은 부동산투자회사법(이하 "법"이라 한다)에서 위임된 사항과 그 시행에 관하여 필요한 사항을 규정함을 목적으로 한다"(영 제1조) 하여, "일반 국민이 부동산에 투자할 수 있는 기회를 확대하고 부동산에 대한 건전한 투자를 활성화하여 국민경제의 발전에 이바지함"을 목적으로 하고 있음을 분명히 하고 있다.

제2절 부동산투자회사

1. 형식적 의의
부동산투자회사는 형식적으로는 "부동산투자회사법에 따라 설립된 회사"로서 "자산을 부동산에 투자하여 운용하는 것을 목적"으로 하는 회사를 말한다. (법 제2조 제1호)

2. 실질적 의의
실질적 의의의 부동산투자회사는 "자산을 일정비율 이상 부동산 또는 부동산 관련 유가증권에 투자하여 그 수익을 투자자에게 배당하는 부동산투자회사법에 근거하여 설립된 주식회사"라고 정의할 수 있다. 부동산을 전문으로 투자하는 회사 또는 신탁을 만들고 그 주식 또는 수익증권을 소유하는 간접투자제도인 미국의 'Real Estate Investment Trust' 제도가 원형이다. 우리나라는 부동산투자회사제도를 특별법으로 도입하면서 부동산투자회사법에 의거하여 설립된 회사만을 부동산투자회사로 인정하므로써 실질적 의의의 부동산투자회사를 구별할 특별한 실익은 없다.

3. 법적 성격
부동산투자회사는 주식회사(법 제3조 제1항)이고, 부동산투자회사법은 상법의 특별법이다. (법 제3조 제2항)

부동산투자회사는 상법상 주식회사의 성격을 가지므로 부동산투자회사법에서 특별히 정한 경우를 제외하고는 상법의 적용을 받는다.

4. 유사명칭 사용금지

부동산투자회사의 공신력을 악용하는 것을 방지하기 위하여 부동산투자회사법에 의한 부동산투자회사가 아닌 자는 부동산투자회사 또는 이와 유사한 명칭을 사용할 수 없도록 규제하고 있다. (법 제3조 제3항)

5. 업무 범위

부동산투자회사는 자산을 다음의 방법에 따라 부동산 등에 투자 · 운용하는 것 외의 업무를 영위할 수 없도록 하고 있다. (법 제4조, 제21조)
1. 부동산의 취득 · 관리 · 개량 및 처분
2. 부동산의 개발 (별도로 건설교통부장관의 인가를 요함)
3. 부동산의 임대차
4. 유가증권의 매매
5. 금융기관에의 예치
6. 지상권 · 임차권 등 부동산사용에 관한 권리의 취득 · 관리 · 처분

제4호의 유가증권이란 '증권거래법 제2조 제1항, 제2항의 규정에 의한 유가증권' 및 '선물거래법 제3조 제1호 나목 및 다목(3)의 규정에 의한 선물거래의 대상이 되는 유가증권지수'를 말한다. (법 제2조 제2호)

증권거래법 제2조의 유가증권은 다음과 같다.
1. 국채증권
2. 지방채증권
3. 특별한 법률에 의하여 설립된 법인이 발행한 채권
4. 사채권
5. 특별한 법률에 의하여 설립된 법인이 발행한 출자증권
6. 주권 또는 신주인수권을 표시하는 증서
7. 외국법인 등이 발행한 증권 또는 증서로서 제1호 내지 제6호의 증권이나 증서의 성질을 구비한 것

8. 외국법인 등이 발행한 증권 또는 증서를 기초로 하여 대통령령이 정하는 자가 발행한 유가증권예탁증서
9. 제1호 내지 제8호의 증권 또는 증서와 유사하거나 이와 관련된 것으로서 대통령령이 정하는 것

제3절 부동산투자회사의 종류

1. 부동산투자회사 (REIT)
회사 내부에서 회사의 의사를 결정하고 집행하는 실질적인 경영조직을 갖춘 일반적인 회사로서 부동산투자회사법에 근거하여 설립 인가를 득한 경우를 말한다.

2. 기업구조조정 부동산투자회사(CR-REIT)
회사 내부에 회사의 의사를 결정하고 집행하는 실질적인 경영조직을 갖추지 아니한 명목상 회사(Paper Company)이며 부동산투자회사법에 근거하여 설립 인가를 득한 경우를 말한다. 기업구조조정 부동산투자회사에는 본점 외의 영업소를 설치할 수 없으며, 직원을 고용하거나 상근인 임원을 둘 수 없다. (법 제49조의 2 제2항) 따라서 그 자산의 투자 · 운용업무를 수행하고자 하는 자인 '자산관리회사' 와 업무위탁계약을 체결하게 된다. (법 제49조의 3 제1항)

제2장 부동산투자회사의 설립

제1절 설립 인가

1. 부동산투자회사의 인가권자 및 인가 범위
부동산투자회사를 설립하고자 하는 자는 건설교통부장관의 인가를 받아야 한다. (법 제5조 제1항) 인가받은 사항을 변경하고자 하는 때에도 마찬가지이다.

2. 인가신청서
인가신청서에 반드시 기재하여야 하는 법정기재사항은 다음과 같다. (영 제3조 제1항)
1. 상호
2. 본점의 소재지
3. 대표자 및 임원의 성명, 주민등록번호 및 주소
4. 자본금에 관한 사항
5. 법 제22조의 규정에 의한 자산운용 전문인력에 관한 사항

인가신청서에는 다음의 서류를 첨부하여야 한다. (영 제3조 제2항)
1. 정관
2. 창립총회 의사록
3. 임원 및 자산운용 전문인력의 경력증명서
4. 주금의 납입을 증명할 수 있는 서류
5. 인가 신청은 현재 발기인의 주식인수 실적 및 일반공모 실적, 주요 주주현황 및 그 소유주식수를 기재한 서류
6. 본점, 지점의 명칭 및 위치를 기재한 서류
8. 업무의 종류, 방법을 기재한 서류
9. 자산의 투자, 운용에 관한 위탁계약을 체결한 경우 위탁계약서 사본
10. 자산보관기관과 체결한 자산보관계약서 사본

3. 건교부장관의 인가시 확인사항

건설교통부장관은 부동산투자회사의 설립인가 신청을 받은 때에는 다음의 사항을 확인하여야 한다. (법 제5조 제2항)

1. 발기인의 주식인수능력 및 사회적 신용도
2. 사업계획의 타당성 및 건전성
3. 주식공모계획의 적정 여부
4. 그밖에 대통령령이 정하는 사항

제4호의 건설교통부장관이 확인하여야 할 "그밖에 대통령령이 정하는 사항"이라 함은 자산의 투자운용업무를 수행함에 필요한 자산운용전문인력을 갖추었는지 여부를 말한다 (영 제3조 제3항).

4. 조건부 인가

건설교통부장관은 설립인가 때 부동산투자회사 경영의 건전성확보 및 투자자보호에 필요한 조건을 붙일 수 있다. (법 제5조 제3항)

5. 인가진행사항의 공시

건설교통부장관은 설립인가를 하는 경우에 부동산투자회사법 시행규칙이 정하는 바에 따라 그 내용을 관보에 공고하고 컴퓨터통신 등을 이용하여 일반인에게 알려야 한다. (법 제5조 제4항)

제2절 발기인

1. 발기인의 결격사유

원칙적으로 누구나 부동산투자회사의 발기인이 될 수 있다. 다만 다음에 해당하는 자는 부동산투자회사의 발기인이 될 수 없다. (법 제7조 제1항)

1. 미성년자, 금치산자 또는 한정치산자
2. 파산자로서 복권되지 아니한 자
3. 금고 이상의 실형의 선고를 받거나 부동산투자회사법 또는 부동산중개업

법·지가공시 및 토지 등의 평가에 관한 법률·신탁업법 그밖에 대통령령이 정하는 금융관련법률에 따라 벌금형 이상의 형을 선고받고 그 집행이 종료(집행이 종료된 것으로 보는 경우를 포함한다)되거나 면제된 후 5년이 경과되지 아니한 자

4. 금고 이상의 형의 집행유예의 선고를 받고 그 유예기간 중에 있는 자
5. 이 법 또는 관련 법률에 따라 영업의 허가·인가 또는 등록 등이 취소된 법인의 임원·직원이었던 자(그 허가·인가 또는 등록 등의 취소사유의 발생에 관하여 직접 또는 이에 상응하는 책임이 있는 자로서 대통령령이 정하는 자에 한한다)로서 당해 법인에 대한 취소가 있은 날부터 5년이 경과되지 아니한 자
6. 이 법 또는 관련 법률을 위반하여 해임되거나 면직된 후 5년이 경과되지 아니한 자

위 제3호의 "그밖에 대통령령이 정하는 금융관련법률"이라 함은 증권투자회사법시행령 제3조 제1항 제1호 내지 제9호 및 동항 제1호 내지 제28호에 규정된 법률과 동항 제29호의 규정에 의하여 정하는 법률을 말한다. (영 제4조 제1항)

위 제5호의 "대통령령이 정하는 자"라 함은 영업의 허가·인가 또는 등록등의 취소의 원인이 되는 사유가 발생한 당시의 임원·직원(금융산업의구조개선에관한법률 제14조 제2항의 규정에 의하여 허가·인가등이 취소된 법인 또는 회사의 경우에는 동법 제10조의 규정에 의한 적기시정조치의 원인이 되는 사유 발생 당시의 임원·직원)으로서 다음 각호의 1에 해당하는 자를 말한다. (영 제4조 제2항)

1. 감사 또는 감사위원회의 위원
2. 허가·인가 또는 등록등의 취소의 원인이 되는 사유의 발생과 관련하여 위법·부당한 행위로 인하여 건설교통부장관, 금융감독위원회 또는 금융감독기구의설치등에관한법률에 의하여 설립된 금융감독원의 원장(이하 "금융감독원장"이라 한다)으로부터 주의·경고·견책·직무정지·해임요구 기타의 조치를 받은 임원

3. 허가 · 인가 또는 등록 등의 취소의 원인이 되는 사유의 발생과 관련하여 위법 · 부당한 행위로 인하여 건설교통부장관, 금융감독위원회 또는 금융감독원장으로부터 정직요구 이상에 해당하는 조치를 받은 직원

2. 발기인의 주식인수 의무

부동산투자회사의 발기인은 설립시 자본금의 100분의 30을 초과하지 아니하는 범위 안에서 대통령령이 정하는 비율에 상당하는 금액 이상의 주식을 인수하여야 한다. (법 제7조) 시행령(안)은 제5조에서 '100분의 10'으로 정하고 있다. (영 제5조)

제3절 정관

1. 정관의 필요적 기재사항

부동산투자회사의 정관에는 다음의 사항을 필수적으로 기재하여야 한다. (법 제8조 제1항)
1. 목적
2. 상호
3. 발행할 주식의 총수
4. 1주의 금액
5. 설립할 때 발행하는 주식의 총수
6. 자산의 투자 · 운용에 관한 사항
7. 자산평가에 관한 사항
8. 이익 등의 배당에 관한 사항
9. 본점의 소재지
10. 공고방법
11. 이사 및 감사의 보수에 관한 기준
12. 제35조 제1항의 규정에 의한 자산보관기관과 체결할 자산보관계약의 개요
13. 자산의 투자 · 운용업무에 관한 위탁계약을 체결하고자 하는 경우에는 그 위탁계약의 개요

14. 발기인의 성명 · 주민등록번호 및 주소
15. 그밖에 대통령령(영 제6조)이 정하는 사항
   가. 주주총회 및 이사회에 관한 사항
   나. 임원에 관한 사항
   다. 회계에 관한 사항

위 제5호와 관련하여 설립시 발행하는 주식의 총수는 상한과 하한을 두는 방법으로 정할 수 있다. (법 제8조 제2항)

제4절 주주 및 자본구성

1. 최저자본금의 제한
부동산투자회사의 자본금은 500억 원 이상으로 하여야 한다. (법 제6조)

2. 설립시 일반공모 의무
부동산투자회사의 발기인은 설립할 때에 발행하는 주식의 총수의 100분의 30 이상을 일반의 청약에 제공하여야 한다. (법 제9조) 기업구조조정 부동산투자회사는 이러한 제한이 없다. (법 제49조의 2)

3. 일반공모시 주식청약서 기재사항
부동산투자회사의 발기인은 다음의 사항을 기재한 주식청약서를 작성하여 설립시 발행하는 주식의 인수를 청약하고자 하는 자에게 제공하여야 한다. (법 제10조 제1항)
1. 정관 필요적 기재사항 일부(제8조 제1항 제1호 내지 제13호의 사항)
2. 발기인이 인수할 주식의 종류와 수
3. 정관에서 존립기간 또는 해산사유를 정한 때에는 그 내용
4. 설립할 때에 발행하는 주식의 배정방법 및 주금의 납입기일
5. 주금납입을 맡을 금융기관과 납입장소
6. 인수청약이 있은 주식의 수가 설립할 때에 발행하는 주식의 수에 미달하는

때에는 부동산투자회사의 설립을 취소할 수 있다는 뜻

7. 일정한 시기까지 부동산투자회사가 설립되지 아니하는 경우에는 주식의 인수청약을 한 자는 당해 청약을 취소할 수 있다는 뜻

8. 그밖에 대통령령이 정하는 사항

4. 일반공모시 투자설명서 제공 및 설명의무

부동산투자회사의 발기인은 설립할 때에 발행하는 주식의 인수청약을 권유하는 경우에는 부동산투자회사의 설립취지, 투자계획 등 대통령령이 정하는 사항을 기재한 투자설명서를 그 상대방에게 제공하고 주요 내용을 설명하여야 한다. (법 제10조 제2항, 영 제7조 제2항)

투자설명서에는 다음의 사항이 반드시 기재되어야 한다. (영 제7조)

1. 상호, 설립취지 및 소재지
2. 발행할 주식의 수 및 1주의 금액
3. 청약기간 및 청약장소
4. 납입기일 및 납입장소
5. 발행주식의 상장에 관한 사항
6. 투자대상, 투자계획 및 자산평가방법
7. 투자원금이 보장되지 아니한다는 사실 등 투자위험에 관한 사항
8. 이익 등의 배당방법
9. 자산의 투자 · 운용의 위탁계약의 개요
10. 자산보관기관과의 자산보관계약의 개요
11. 자산운용전문인력에 관한 사항
12. 업무 및 자산보관의 위탁에 따라 지급되는 비용에 관한 사항
13. 그밖에 주주의 보호를 위하여 필요한 사항

5. 현물출자 금지

부동산투자회사는 상법 제290조 제2호의 규정에 불구하고 현물출자에 의한 설립을 할 수 없다. (법 제11조) 기업구조조정 부동산투자회사는 그렇지 아니하다. (법 제49조의 2) 현물출자에 의한 설립이 가능하다.

6. 설립등기사항

부동산투자회사의 설립등기는 창립총회가 종료한 날부터 2주 이내에 하여야 한다. (법 제45조 제1항) 설립등기사항은 다음과 같다. (법 제45조 제2항)

1. 정관 필요적 기재사항 일부(제8조 제1항 제1호 내지 제5호 · 제9호 및 제10호에 관한 사항)
2. 정관으로 부동산투자회사의 존립기간 또는 해산사유를 정한 때에는 그 기간 또는 사유
3. 이사 및 감사의 성명 및 주민등록번호
4. 대표이사의 성명 · 주민등록번호 및 주소
5. 2인 이상의 대표이사가 공동으로 부동산투자회사를 대표할 것을 정한 때에는 그 뜻

설립등기를 신청하는 경우에는 다음의 서류를 첨부하여야 한다. (법 제45조 제3항, 영 제33조)

1. 설립인가서
2. 정관
3. 창립총회의 의사록
4. 주식의 인수를 증명하는 서면
5. 주식청약서
6. 이사의 회사설립에 관한 조사보고서
7. 명의개서사무의 위탁을 증명하는 서면
8. 주금의 납입을 맡은 은행 그밖에 금융기관의 주금납입 보관에 관한 증명서

제3장 부동산투자회사의 기관

1. 부동산투자회사의 기관
부동산투자회사의 기관은 주주총회, 이사회, 대표이사로 구성된다. 일반 주식회사와 마찬가지로 주주총회는 이사회의 구성원인 이사를 선임하고, 이사회는 부동산투자회사의 일상적인 업무를 맡아 집행하며 회사를 대표하는 대표이사를 선임한다.

2. 주주총회 결의사항
다음의 사항은 주주총회의 결의를 거쳐야 한다. (법 제12조)
1. 당해 연도의 사업계획의 확정
2. 당해 연도의 차입계획
3. 자산의 투자·운용에 관한 중요한 계약의 체결 또는 변경체결에 관한 사항
4. 제35조 제1항에 의한 자산보관기관과의 자산보관계약의 체결 또는 변경체결에 관한 사항

3. 이사회 결의사항
다음의 사항은 이사회의 결의를 거쳐야 한다. (법 제13조 제1항)
1. 부동산의 취득 또는 처분 등 운용에 관한 사항
2. 대통령령이 정하는 일정금액 이상의 유가증권의 취득 또는 처분에 관한 사항-부동산 투자회사 총자산의 100분의 10 (영 제8조)
3. 차입에 관한 사항

4. 이사회 개최일시등 통보의무
부동산투자회사의 이사는 이사회개최일부터 7일 전에 이사회의 개최일시, 장소 및 안건 등을 감사에게 송부하여야 한다. (법 제13조 제2항)

5. 부동산투자회사의 임원자격 제한
발기인의 자격제한을 규정한 제7조 제1항의 규정은 부동산투자회사의 임원에

관하여 이를 준용한다. (법 제14조) 즉 부동산투자회사의 발기인이 될 수 없는 자는 임원도 될 수 없다.

제4장 부동산투자회사의 주식과 주주

제1절 1인당 주식소유한도 제한

1. 1인당 주식소유한도 제한
부동산투자회사 주주 1인과 그 주주의 특별관계자는 부동산투자회사 발행주식 총수의 100분의 10을 초과하여 주식을 소유하지 못한다. 특별관계자는 증권거래법 제21조 제1항의 규정에 의한 특별관계자를 말한다. (법 제15조 제1항)

2. 동일인으로 간주되는 특별관계자의 범위
증권거래법 제21조 제1항 및 동법시행령 제10조의 3은 특별관계자를 특수관계인 및 공동보유자로 나누어 다음과 같이 정의하고 있다.

특수관계인이라 함은 다음에 해당하는 자를 말한다.
1. 본인이 개인인 경우에는 다음 각목의 1에 해당하는 자
    가. 배우자(사실상의 혼인관계에 있는 자를 포함한다. 이하 같다.)
    나. 6촌 이내의 부계혈족 및 4촌 이내의 부계혈족의 처
    다. 3촌 이내의 부계혈족의 남편 및 자녀
    라. 3촌 이내의 모계혈족과 그 배우자 및 자녀
    마. 배우자의 2촌 이내의 부계혈족 및 그 배우자
    바. 입양자의 생가의 직계존속
    사. 출양자 및 그 배우자와 출양자 양가의 직계비속
    아. 혼인 외의 출생자의 생모
    자. 본인의 금전 기타 재산에 의하여 생계를 유지하는 자 및 생계를 함께 하는 자
    차. 본인이 단독으로 또는 그와 가목 내지 자목의 관계에 있는 자와 합하여 100분의 30 이상을 출자하거나 기타 임원의 임면 등 법인 기타 단체의 주요 경영사항에 대하여 사실상 영향력을 행사하고 있는 경우 당해 법인 기타 단체와 그 임원

카. 본인이 단독으로 또는 그와 가목 내지 차목의 관계에 있는 자와 합하여 100분의 30 이상을 출자하거나 기타 임원의 임면 등 법인 기타 단체의 주요 경영사항에 대하여 사실상 영향력을 행사하고 있는 경우 당해 법인 기타 단체와 그 임원

2. 본인이 법인 기타 단체인 경우에는 다음 각목의 1에 해당하는 자
   가. 임원
   나. 계열회사 및 그 임원
   다. 단독으로 또는 제1호 각목의 관계에 있는 자와 합하여 본인에게 100분의 30 이상을 출자하거나 기타 임원의 임면등 본인의 주요 경영사항에 대하여 사실상 영향력을 행사하고 있는 개인 및 그와 제1호 각목의 관계에 있는 자와 단체(계열회사를 제외한다. 이하 이 호에서 같다) 및 그 임원
   라. 본인이 단독으로 또는 그와 가목 내지 다목의 관계에 있는 자와 합하여 100분의 30 이상을 출자하거나 기타 임원의 임면등 단체의 주요 경영사항에 대하여 사실상 영향력을 행사하고 있는 경우 당해 단체 및 그 임원

'공동보유자'라 함은 본인과 합의 또는 계약 등에 의하여 다음에 해당하는 행위를 할 것을 합의한 자를 말한다.
1. 주식 등을 공동으로 취득하거나 처분하는 행위
2. 주식 등을 공동 또는 단독으로 취득한 후 그 취득한 주식을 상호양도 또는 양수하는 행위
3. 의결권(의결권의 행사를 지시할 수 있는 권한을 포함한다)을 공동으로 행사하는 행위

3. 1인당 주식소유한도 초과시 의결권행사 제한
만약 주주 1인과 그 특별관계자가 1인당 주식보유한도를 초과하여 부동산투자회사의 주식을 소유하게 된 경우에는 당해 주식의 의결권행사 범위는 1인당 주식소유한도로 제한된다. (법 제15조 제2항)

4. 1인당 주식소유한도 초과시 주식처분명령

건설교통부장관은 주주 1인과 그 특별관계자(합쳐서 '동일인'이라고 표현)가 1인당 주식소유한도를 초과하여 주식을 소유하는 경우에는 6월 이내의 기간을 정하여 1인당 주식소유한도를 초과하는 주식을 처분할 것을 명할 수 있다. (법 제15조 제3항)

5. 1인당 주식소유한도의 예외

기금 등 대통령령이 정하는 주주에 대하여는 1인당 주식소유한도의 제한이 적용되지 않는다. (법 제16조)

대통령령이 정하는 주주는 다음과 같다. (영 제9조)
1. 대한지방행정공제회법에 의한 대한지방행정공제회
2. 새마을 금고법에 의한 새마을 금고연합회 (공제사업에 한한다)
3. 군인공제회법에 의한 군인공제회
4. 대한교원공제회법에 의한 대한교원공제회
5. 기금관리기본법에 의한 공공기금을 관리운용하는 법인
6. 신용협동조합법에 의한 신용협동조합중앙회(공제사업에 한한다)
7. 건설산업기본법 제54조의 규정에 의한 공제조항
8. 법 제9조의 규정에 의한 주식공모 후 잔액을 인수한 간사회사나 발기인. 이 경우 초과소유기간은 당해 부동산 투자회사의 발행 주식이 증권거래법 제71조의 규정에 의한 한국 증권거래소의 유가증권시장에 상장되거나 동법 제162조의 규정에 의한 한국증권업협회에 등록된 후의 1년에 한한다.

기금 등 대통령령이 정하는 주주여서 1인당 주식소유한도 제한을 받지 않는 주주라도 의결권행사는 역시 1인당 주식소유한도 내로 제한된다. (법 제16조 제2항) 다만 주식처분명령을 받지 않을 뿐이다.

제2절 주식청약서와 투자설명서

1. 증자시 주식청약서 작성 제공의무
부동산투자회사의 성립 후에 주식을 발행하는 경우에는 대통령령이 정하는 바에 따라 주식청약서를 작성하여 당해 주식을 인수하고자 하는 자에게 제공하여야 한다. (법 제17조 제1항)

2. 주식청약서 법정 기재사항
주식청약서 등의 법정 기재사항은 다음과 같다. (영 제10조 제1항)
1. 정관 필요적 기재사항 일부(법 제8조 제1항 제1호 내지 제13호의 사항)
2. 설립시 일반공모 주식청약서 기재사항 일부(법 제10조 제1항 제3호 및 제5호의 사항)
3. 발행할 주식의 총수 및 발행가액
4. 주식의 배정방법 및 주금의 납입기일

3. 투자설명서 제공의무
부동산투자회사의 이사는 부동산투자회사의 성립 후 발행하는 주식의 인수청약을 권유하는 경우에도 설립 때와 같이 부동산투자회사의 설립취지, 투자계획 등 대통령령이 정하는 사항을 기재한 투자설명서를 그 상대방에게 제공하여야 한다. (법 제17조 제2항) 투자설명서의 기재사항도 설립 때와 같다(영 제10조 제2항)

제3절 주식의 종류와 수

1. 주식의 발행조건 균등의무
부동산투자회사는 그 성립 후에 주식을 발행하는 경우 동일한 날짜에 발행되는 같은 종류의 주식에 대하여는 발행가액 그밖의 발행조건은 이를 균등하게 정하여야 한다. (법 제18조 제1항)

2. 주식의 발행가액 산정방법

주식의 발행가액은 당해 부동산투자회사의 시장가치·자산가치 및 수익가치에 기초하여 대통령령이 정하는 방법에 따라 산정하여야 한다. (법 제18조 제2항)

시행령안은 부동산투자회사 주식의 상장(증권거래소) 또는 등록(협회중개시장, KOSDAQ) 여부를 기준으로 다음과 같이 주식의 발행가액을 다르게 산정하도록 하고 있다. (시행령안 제11조)

상장 또는 등록 주식의 경우에는 주식의 발행가액을 증권거래법 제189조의3 및 동법 시행령 제84조의5의 규정에 의하여 산정하도록 하고 있다. 따라서 신주의 발행가액은 다음의 방법에 따라 산정한 가격중 높은 가격의 100분의 70 이상에서 결정하여야 한다. (시행령안 제11조 본문)

1. 청약일 전 제5거래일부터 과거 1월간 공표된 매일의 유가증권시장 또는 협회중개시장에서 거래된 최종시세가격의 평균액
2. 청약일 전 제5거래일부터 과거 1주간 공표된 매일의 유가증권시장 또는 협회중개시장에서 거래된 최종시세가격의 평균액
3. 청약일 전 제5거래일의 유가증권시장 또는 협회중개시장에서 거래된 최종시세가격

비상장 또는 등록주식의 경우에는 다음의 방법에 따라 자산종류별로 평가한 개별자산의 가치합계액에서 평가기준일 현재의 부채를 공제한 후의 금액을 발행주식 총수로 나누어 계산한다. (시행령안 제11조 단서)

1. 부동산은 지가공시및토지등의평가에관한법률에 의한 감정평가업자가 제12조의 규정(현물출자 부동산의 평가)에 의하여 평가한 가액으로 한다. 다만 취득 후 1년 이내의 경우에는 취득가액을 기준으로 할 수 있다.
2. 유가증권은 증권투자회사법시행령 제29조 제2항 및 제3항의 규정을 준용하여 산정하는 방법. 이 경우 "평가기준일"은 "산정기준일"로 본다.
3. 금융기관에의 예치금은 원금과 산정기준일까지의 이자를 가산하는 방법

제4절 현물출자

1. 현물출자의 제한
부동산투자회사는 설립시 현물출자를 할 수 없다. 설립 후에도 부동산만을 현물출자 할 수 있다. 그 시기도 부동산개발사업에 대한 인가를 받은 후에 가능하다. (법 제19조 제1항)

2. 현물출자 부동산의 평가방법
현물출자를 하는 경우에도 부동산의 가액은 지가공시및토지등의평가에관한법률에 의한 2인 이상의 감정평가업자로 하여금 평가하게 하여야 한다. (법 제19조 제2항)

현물출자 부동산의 평가는 당해 부동산이 장래 산출할 것으로 기대되는 순이익을 적정한 비율로 환원하여 당해 부동산의 경제적 가치를 평가하는 방법(수익환원법)에 의한다 (법 제19조 제3항, 영 제2조 제1항)
수익환원법을 적용하는 것이 불합리한 부동산의 경우에는 건설교통부령이 정하는 바에 따라 그 부동산의 특성을 고려하여 거래사례비교법, 복성식평가방법을 적용할 수 있다. (법 제19조 제3항, 영 제12조 제2항)

제5절 주식 상장 등록

1. 주식 상장 등록의무
부동산투자회사는 증권거래법 제71조의 규정에 의한 한국증권거래소의 유가증권시장의 상장기준이나 동법 제162조의 규정에 의한 한국증권업협회의 등록요건을 갖추게 된 때에는 지체없이 유가증권시장에 주식을 상장하거나 한국증권업협회에 등록하여 주식이 한국증권거래소의 유가증권시장이나 한국증권업협회의 협회중개시장에서 거래되도록 하여야 한다. (법 제20조 제1항) 상장등록을 의무화한 것이다.

2. 건설교통부장관의 상장 등록 명령

건설교통부장관은 부동산투자회사가 정당한 사유없이 한국증권거래소의 유가증권시장에의 상장이나 한국증권업협회에의 등록을 이행하지 아니하는 경우에는 기간을 정하여 상장 또는 등록을 명할 수 있다. (법 제20조 제2항)

제5장 자산의 투자 · 운용

제1절 자산의 투자운용방법

1. 부동산 관련 자산 투자의무
부동산투자회사는 그 자산을 다음에 해당하는 방법으로 투자 · 운용하여야 한다. (법 제21조)
1. 부동산의 취득 · 관리 · 개량 및 처분
2. 부동산의 개발
3. 부동산의 임대차
4. 유가증권의 매매
5. 금융기관에의 예치
6. 지상권 · 임차권 등 부동산사용에 관한 권리의 취득 · 관리 · 처분

제2절 부동산의 처분제한

1. 부동산의 취득 후 일정기간 내 처분제한
부동산투자회사는 부동산을 취득한 후 5년의 범위 이내에서 대통령령이 정하는 기간 이내에는 이를 처분하여서는 아니된다. (법 제24조 제1항 본문) 시행령(안)은 부동산 처분이 제한되는 기간을 취득 후 3년으로 정하고 있다. (영 제18조 제1항)
다만 부동산개발사업에 따라 조성하거나 설치한 토지 · 건축물 등을 분양하는 경우 그밖에 투자자보호를 위하여 대통령령이 정하는 사유(부동산 투자회사가 합병 · 해산 · 분할 또는 분할합병하는 경우, 영 제18조 제2항) 가 있는 경우에는 3년 이내에도 처분할 수 있다. (법 제24조 제1항 단서)

2. 토지의 개발사업 전 처분제한
부동산투자회사는 건축물 그밖의 공작물이 없는 토지는 당해 토지에 대하여

부동산개발사업을 시행한 후가 아니면 이를 처분하여서는 아니된다. (법 제24조 제2항 본문)

다만 부동산투자회사의 합병, 해산 등 투자자 보호를 위하여 대통령령이 정하는 경우에는 그러하지 아니하다. (법 제24조 제2항 단서) 시행령(안)은 부동산개발사업을 시행하지 않고 나대지를 처분할 수 있는 경우를 다음과 같이 정하고 있다. (영 제18조 제3항)

1. 부동산개발사업을 위하여 토지를 취득한 후 관련법규의 제정ㆍ개정 또는 폐지 등으로 인하여 사업성이 현저히 저하됨으로써 부동산개발사업을 수행하기 곤란하다고 객관적으로 입증되어 당해 토지의 처분이 불가피한 경우
2. 부동산투자회사가 합병ㆍ해산ㆍ분할 또는 분할합병을 하는 경우

제3절 부동산개발사업

1. 부동산개발사업의 정의
이 법에서 '부동산개발사업' 이라 함은 토지를 택지ㆍ공장용지 등으로 개발하거나 건축물 그밖의 공작물을 신축 또는 재축하는 사업을 말한다. (법 제21조 본문)

2. 부동산개발사업의 별도 인가
부동산투자회사가 그 자산을 부동산개발사업에 투자ㆍ운용하고자 하는 경우에는 당해 회사의 주식이 상장 또는 등록된 후에 건설교통부장관에게 인가를 신청하여야 한다. (법 제21조 단서, 영 제13조 제1항) 건설교통부장관은 제1항의 규정에 의한 인가신청을 받은 때에는 다음 각호의 사항을 확인하여야 한다. (법 제21조 단서, 영 제13조 제2항)

1. 부동산투자회사의 총자산의 100분의 70 이상이 부동산으로 구성되어 있을 것
2. 부동산투자회사의 부동산개발사업에 대한 투자 비율이 자기 자본의 100분의 30을 초과하지 않을 것

3. 부동산개발사업 인가신청요건으로서의 상장 등록

부동산투자회사는 당해 회사의 주식이 증권거래법 제71조의 규정에 의한 한국증권거래소의 유가증권시장에 상장되거나 동법 제162조의 규정에 의한 한국증권업협회에 등록된 후가 아니면 부동산개발사업에 투자하여서는 아니된다. (법 제26조 제1항)

4. 부동산개발사업의 자기자본 기준 비율 제한

부동산투자회사는 자기자본의 100분의 30을 초과하여 부동산개발사업에 투자하여서는 아니된다. 이 경우 자기자본은 직전 사업연도말 대차대조표의 자산총액에서 부채총액을 차감한 금액을 말한다. (법 제26조 제2항)

5. 부동산개발사업의 사업계획서 평가의무 등

부동산투자회사가 부동산개발사업에 투자하고자 하는 경우에는 대통령령이 정하는 바에 따라 사업계획서를 작성하여 부동산투자자문회사의 평가를 거쳐야 한다. (법 제26조 제3항)

부동산투자회사가 부동산개발사업에 투자하고자 하는 경우에 작성하는 사업계획서는 다음의 사항이 포함되어야 한다. (영 제20조)
1. 사업의 추진일정, 추진방법 및 건축계획 등이 포함된 사업계획에 관한 사항
2. 자금의 조달 투자 및 회수에 관한 사항
3. 추정손익에 관한 사항
4. 사업의 위험에 관한 사항
5. 공사시공 등 외부용역에 관한 사항
6. 그밖에 투자자를 보호하기 위하여 필요한 사항

제4절 실사보고서

1. 실사보고서 작성의무

부동산투자회사는 부동산을 취득하거나 처분하는 경우에는 대통령령이 정하

는 바에 따라 당해 부동산의 현황, 거래가격 등이 포함된 실사보고서를 작성하여야 한다. (법 제24조 제3항)

2. 실사보고서 필요적 기재사항
실사보고서는 다음 사항을 반드시 기재하여야 한다. (영 제18조 제4항)
1. 당해 부동산의 현황, 거래가격, 거래비용
2. 당해 부동산과 관련된 재무자료
3. 당해 부동산의 수익에 영향을 미치는 요소
4. 그밖에 당해 부동산의 거래 여부를 결정함에 있어 필요한 사항으로서 건설교통부령이 정하는 사항

제5절 자산구성요건

1. 부동산투자회사 자산구성요건
부동산투자회사는 매 분기말 현재 총자산의 100분의 90 이상을 부동산, 부동산 관련 유가증권 및 현금으로 구성하여야 한다. 이 경우 총자산의 100분의 70 이상은 부동산이어야 한다. (법 제25조 제1항) 이 경우 현금에는 금융기관의 예치금을 포함한다. (영 제19조 제2항) 구조조정 리츠에는 적용되지 않는다. (법 제49조의 2) 따라서 구조조정 리츠는 자산구성비율의 제한이 없다.

2. 자산구성요건 산정시 부동산으로 간주하는 자산
총자산의 100분의 70 이상을 차지하는 부동산에는 토지와 건물외에 건축중인 건축물이 포함되며 그외에도 ① 건축 중인 건축물의 개발사업을 제외한 부동산개발사업에 투자한 모든 금액, ② 부동산의 소유권 및 지상권, 임차권 등 부동산사용에 관한 권리를 취득하기 위하여 투자한 모든 금액이 부동산으로 간주되어 포함된다. (법 제25조 제1항, 영 제19조 제1항)

3. 자산평가방법
자산구성비율은 다음과 같이 평가하여 산정한다. (영 제19조 제3항)

1. 부동산은 취득가액으로 평가한다. 부동산의 취득 후 1년이 경과한 경우에는 감정평가업자가 제12조의 규정(현물출자부동산의 평가방법)에 의하여 산정한 가액으로 할 수 있다.
2. 유가증권은 증권투자회사법시행령 제29조의 규정을 준용하여 평가하고, 금융기관에의 예치금은 원금과 그 기간까지의 이자를 가산하여 평가한다.

자산구성비율을 계산함에 있어서 다음에 해당하는 자산은 설립일 또는 신주발행일이 속하는 연도 및 그 다음 연도에는 총자산에 산입하지 아니한다. (법 제25조 제2항)
1. 설립할 때 납입된 주금 및 이를 직접 투자하여 취득한 자산
2. 신주발행으로 조성한 자금 및 이를 직접 투자하여 취득한 자산

제6절 유가증권 투자 등

1. 유가증권 투자제한
이 법에서 부동산 관련 유가증권이라 함은 다음을 말한다. (법 제2조 제3호)
1. 부동산투자회사의 주식
2. 신탁업법에 의한 수익증권 중 부동산과 관련되는 것으로서 연평균 수탁금액의 100분의 70 이상을 부동산의 매입 또는 개발, 부동산의 매입 또는 개발을 위한 대출, 부동산 관련 유가증권에 투자한 수익증권(영 제2조 제1항)
3. 자산유동화에관한법률에 의한 유동화증권 중 부동산과 관련되는 것으로서 유동화자산 중 부동산, 부동산매출채권 및 부동산담보부채권이 차지하는 가액비율이 100분의 70 이상인 유동화자산을 기초로 하여 발행된 유동화증권(영 제2조 제2항)
4. 주택저당채권유동화회사법에 의한 주택저당채권담보부채권 및 주택저당증권
5. 주택건설촉진법에 의한 국민주택채권
6. 도시철도법에 의한 도시철도채권
7. 그밖에 부동산과 관련되는 채권으로서 다음 각호의 것 (영 제2조 제3항)

가. 도시계획법 제40조 제2항의 규정에 의한 도시계획시설채권
나. 도시개발법 제22조 제1항의 규정에 의한 토지상환채권
다. 주택건설촉진법 제27조 제1항의 규정에 의한 주택상환채권
라. 택지개발촉진법 제20조 제2항의 규정에 의한 토지상환채권
마. 토지수용법 제45조 제5항의 규정에 의하여 발행하는 채권
바. 공공용지의취득및손실보상에관한특례법 제3조 제2항 단서규정에 의하여 발행하는 채권
사. 부동산담보부채권

2. 다른 회사의 의결권 있는 발행주식 취득의 제한

부동산투자회사는 원칙적으로 다른 회사의 의결권 있는 발행주식의 100분의 10을 초과하여 취득하여서는 아니된다. (법 제27조 제1항 본문) 다른 회사의 의결권 있는 발행주식의 100분의 10을 초과하여 취득하게 된 때에는 초과취득하게 된 날부터 6월 이내에 투자한도에 적합하도록 하여야 한다. (법 제27조 제2항)

다만 예외적으로 다음의 경우에는 다른 회사의 의결권 있는 발행주식의 100분의 10을 초과하여 취득할 수 있다. (법 제27조 제1항 단서)
1. 특정한 부동산의 개발을 위하여 존립기간을 정하여 설립된 회사의 주식을 취득하는 경우
2. 다른 회사와 합병하는 경우
3. 다른 회사의 영업 전부를 양수하는 경우
4. 부동산투자회사의 권리를 실행함에 있어서 그 목적을 달성하기 위하여 필요한 경우

3. 동일인 발행 유가증권 취득의 제한

부동산투자회사는 동일인이 발행한 유가증권을 총자산의 100분의 5를 초과하여 취득하여서는 아니된다. (법 제27조 제3항 본문) 보유하고 있는 유가증권이 투자한도를 초과하게 된 경우에는 초과취득하게 된 날부터 6월 이내에 투자한도에 적합하도록 하여야 한다. (법 제27조 제4항)

다만 국채 · 지방채, 주택저당채권유동화회사법에 의한 주택저당채권유동화회사가 발행한 주택저당채권담보부채권 및 주택저당증권, 특정한 부동산의 개발을 위하여 존립기간을 정하여 설립된 회사의 유가증권에 대하여는 그러하지 아니하다. (법 제27조 제3항 단서, 영 제21조)

제7절 배당

1. 배당의무 및 배당한도
부동산투자회사는 상법 제462조 제1항의 규정에 의한 당해 연도 이익배당한도의 100분의 90 이상을 주주에게 배당하여야 한다. 이 경우 상법 제458조의 규정에 의한 이익준비금은 이를 적립하지 아니한다. (법 제28조 제1항) 구조조정리츠는 적용되지 않는다. (법 제49조의 2) 따라서 구조조정 리츠는 이익배당의무가 없다.

2. 금전배당의무
부동산투자회사의 이익배당은 금전배당으로 한다. (법 제28조 제2항) 구조조정 리츠는 적용되지 않는다. (법 제49조의 2) 따라서 구조조정 리츠는 금전배당이 아닌 주식배당도 가능하다.

제8절 자금차입

1. 투자목적 자금차입의 금지
부동산투자회사는 원칙적으로 자금을 차입하지 못한다. (법 제29조 본문)

2. 예외적으로 차입이 가능한 경우
다만 투자목적이 아닌 다음의 경우로서 주주총회 및 이사회의 결의를 거친 때에 한해서 예외적으로 자금차입이 가능하다. (법 제29조 단서, 영 제22조)
1. 운영자금을 일시적으로 차입하고자 하는 경우

2. 부동산을 취득함에 있어 보증금을 당해 부동산이 담보된 부채를 불가피하게 인수하는 경우
3. 주택건설촉진법 제10조의 규정에 의한 국민주택기금 등 공공목적에 사용되도록 조성된 기금으로부터 자금을 일시적으로 차입하는 경우
4. 법 제49조의 4 및 제49조의 5의 규정에 의한 주식의 매수청구 또는 환매청구가 대량으로 발생하여 일시적으로 매수대금 또는 환매대금의 지급이 곤란한 경우

제9절 자산운용전문인력

1. 자산운용전문인력 확보의무

부동산투자회사는 그 자산을 투자 · 운용함에 있어 전문성을 높이고 주주를 보호하기 위하여 대통령령이 정하는 바에 따라 다음의 자산운용전문인력을 확보하여야 한다. (법 제22조 제1항)
1. 감정평가사 또는 공인중개사로서 해당분야에 5년 이상 종사한 자
2. 부동산 관련분야의 석사학위 이상의 소지자로서 부동산의 투자 · 운용과 관련된 업무에 3년 이상 종사한 자
3. 그밖에 제1호 또는 제2호에 준하는 경력이 있는 자로서 대통령령이 정하는 자

시행령(안)은 부동산투자회사가 위 자산운용전문인력을 3인 이상 확보하도록 하고(영 제14조 제1항), 위 3호와 관련하여 다음의 자를 자산운용전문인력으로 추가하여 규정하고 있다. (영 제14조 제2항)
　　가. 부동산 투자회사, 부동산투자자문회사, 자산관리회사 그밖에 이에 준하는 부동산 관계회사나 기관 등에서 5년 이상 근무한 자로서 부동산의 취득 · 처분 · 관리 · 개발 또는 자문 등의 업무에 3년 이상 종사한 경력이 있는 자
　　나. 부동산자산의 투자 · 운용업무를 수행하는 외국의 부동산투자회사 또는 이와 유사한 업무를 수행하는 기관에서 5년 이상 근무한 자로서 부동산

의 취득·처분·관리·개발 또는 자문 등의 업무에 3년 이상 종사한 경력이 있는 자

다. 증권투자회사법시행령 제14조 제2항 각호의 1에 해당하는 자

2. 자산운용전문인력의 사전교육 이수의무

자산운용전문인력은 대통령령으로 정하는 다음의 교육기관과 교육과정으로 자산운용에 관한 사전교육을 이수하여야 한다. (법 제22조 제2항, 영 제14조 제3항) 다만 사전교육이수의무는 2002년 7월 1일부터 시행한다. (부칙)

1. 교육기관

    가. 부동산·금융관련 연구기관 및 단체

    나. 고등교육법 제2조 제1호의 규정에 의한 대학

    다. 건설교통부장관이 관계중앙기관의 장과 협의하여 정하는 전문교육 기관

2. 다음의 교육내용이 포함된 교육과정

    가. 부동산자산의 투자·운용과 관련된 사항

    나. 부동산 관련법률, 조세 및 회계 등 제도와 관련된 사항

    다. 부동산 관련 증권의 발행·유통 및 자본시장에 관한 사항

제10절 자산운용의 공정성 확보등

1. 특수관계자와의 거래 제한

부동산투자회사는 "당해 부동산투자회사의 임원·직원 및 그 특별관계자", "당해 부동산투자회사의 주식을 100분의 3 이상 소유하고 있는 주주(주요주주) 및 그 특별관계자"와 제21조 각호의 1(부동산투자회사 자산의 투자 운용 방법)에 해당하는 거래를 하여서는 아니된다. (법 제30조 본문)

다만 일반분양, 경쟁입찰 등에 따라 거래당사자를 선정하는 등 주주의 이익을 해할 우려가 없는 거래로서 대통령령이 정하는 거래는 그러하지 아니하다. (법 제30조 단서)

시행령(안)은 주주의 이익을 해할 우려가 없는 거래로서 특별관계자 등과 거

래할 수 있는 경우를 다음으로 열거하고 있다. (영 제23조 제1항)

1. 일반분양, 경쟁입찰 및 이와 유사한 방식에 의한 거래
2. 부동산투자회사가 보유하고 있는 부동산을 이사회가 정한 가격 이상으로 임대하는 거래
3. 부동산투자회사의 합병, 해산, 분할 또는 분할합병에 의한 불가피한 거래

2. 부동산투자회사 및 부동산투자회사 상근임직원의 겸업 제한

부동산투자회사는 이 법 또는 다른 법령에 의한 경우를 제외하고는 다른 업무를 영위하여서는 아니된다. (법 제31조 제1항) 부동산투자회사의 상근 임원은 다른 회사의 상근 임원 · 직원이 되거나 다른 사업을 영위하여서는 아니된다. (법 제31조 제2항)

3. 미공개 자산운용정보의 이용금지

다음 각호의 1에 해당하는 자(각호의 1에 해당하지 아니하게 된 날부터 1년이 경과하지 아니하는 자를 포함)는 부동산투자회사의 미공개 자산운용정보를 이용하여 부동산 또는 유가증권을 매매하거나 타인에게 이를 이용하게 하여서는 아니된다. (법 제32조 제1항)

1. 당해 부동산투자회사의 임원 · 직원 또는 대리인
2. 주요 주주
3. 당해 부동산투자회사와 자산의 투자 · 운용업무에 관한 위탁계약을 체결한 자
4. 제2호 또는 제3호에 해당하는 자의 대리인 또는 사용인 그밖의 종업원(제2호 또는 제3호에 해당하는 자가 법인인 경우에는 그 임원 · 직원 및 대리인)

"미공개 자산운용정보"라 함은 투자자의 판단에 중대한 영향을 미치는 것으로서 제7조 및 제10조 제2항의 규정에 의한 투자설명서, 제29조 제1항의 규정에 의한 투자보고서에 의하여 공개되지 아니한 정보로서 부동산투자회사가 그 자산으로 특정의 부동산이나 유가증권을 매도 또는 매수하고자 하는 정보를 말한다. (법 제32조 제2항, 영 제24조)

4. 부동산투자회사 임·직원의 행위준칙 등

부동산투자회사의 임원·직원은 자산의 투자·운용업무와 관련하여 다음 각 호의 1에 해당하는 행위를 하여서는 아니된다. (법 제33조)

1. 투자를 하고자 하는 자에게 일정한 이익을 보장하거나 이를 약속하는 행위
2. 자산의 투자·운용과 관련하여 자기 또는 제3자의 이익을 도모하는 행위
3. 부동산거래질서 또는 부동산투자회사의 주주의 이익을 해할 우려가 있는 행위로서 대통령령(영 제25조)이 정하는 다음의 행위

   가. 탈세를 목적으로 소유권 보존등기 또는 이전등기를 하지 아니한 부동산 또는 관계법령의 규정에 의하여 전매 등 권리변동이 제한된 부동산을 취득하거나 처분하는 행위

   나. 보유 부동산이나 유가증권의 시세를 인위적으로 조작하기 위하여 자산을 운용하는 행위

부동산투자회사는 법령을 준수하고 주주를 보호하기 위하여 그 자산을 투자·운용함에 있어 소속 임·직원이 따라야 할 기본적인 절차와 기준 등을 제정·시행하여야 한다. (법 제47조)

5. 임직원의 손해배상책임

부동산투자회사의 임·직원이 법령 또는 정관에 위반한 행위를 하거나 그 임무를 게을리 하여 부동산투자회사에 손해를 발생하게 한 때에는 손해를 배상할 책임이 있다. (법 제34조 제1항)

부동산투자회사의 임원·직원이 부동산투자회사에 손해배상책임을 부담하는 경우 관련 이사, 감사, 자산의 투자·운용업무를 위탁받은 자 또는 제35조 제1항의 규정에 의한 자산보관기관에게도 귀책사유가 있는 때에는 이들이 연대하여 손해배상책임을 진다. (법 제34조 제2항)

제6장 부동산투자자문회사

1. 부동산투자자문회사의 등록

부동산투자회사의 위탁으로 그 자산의 투자·운용에 관한 자문 및 평가등의 업무를 행하고자 하는 자는 건설교통부장관에게 등록하여야 한다. (법 제23조 제1항)

2. 부동산투자자문회사 등록신청서 기재사항 및 첨부서류

부동산투자자문회사로 등록을 하고자 하는 자는 다음 각호의 사항이 기재된 등록신청서를 건설교통부장관에게 제출하여야 한다. (법 제23조 제1항, 영 제15조 제1항)
1. 회사의 상호 및 소재지
2. 자본금에 관한 사항
3. 임원에 관한 사항
4. 업무수행의 방법

등록신청서에는 다음의 서류를 첨부하여야 한다. (영 제15조 제2항)
1. 정관
2. 법인등기부등본
3. 자본금의 납입을 증명할 수 있는 서면
4. 주주의 성명 또는 명칭과 그 소유주식수를 기재한 서면
5. 본점·지점의 명칭 및 위치를 기재한 서류
6. 사업계획서
7. 자산운용전문인력의 이력서 및 경력증명서
8. 재무제표와 그 부속서류

3. 부동산투자자문회사 등록요건 심사 및 등록증 교부

건설교통부장관은 등록신청서를 제출받은 경우 등록요건에 적합하다고 인정되는 때에는 다음 각호의 사항을 기재한 등록증을 교부하여야 한다. (영 제15

조 제3항)
1. 등록번호
2. 등록일자
3. 회사의 상호 및 소재지
4. 대표자의 성명

부동산투자자문회사로 등록을 하고자 하는 자는 다음의 요건을 갖추어야 한
다. (법 제23조 제2항)
1. 자본금이 10억 원 이상으로서 대통령령이 정하는 금액 이상일 것 (10억원,
   령 제16조 제1항)
2. 자산운용전문인력을 대통령령이 정하는 수 이상 확보할 것. (3인, 영 제16
   조 제2항)

4 . 부동산투자자문회사의 업무 등
부동산투자자문회사는 부동산투자회사로부터 다음의 업무를 위탁받아 이를
행한다. (영 제17조)
1. 부동산 자산의 투자 · 운용에 관한 주주총회 또는 이사회의 의사결정에 필
   요한 조사 · 분석 및 정보 제공
2. 법 제21조의 규정에 의한 부동산 자산의 투자 · 운용에 관한 자문 및 평가
   등의 업무

부동산투자자문회사는 법령 또는 위탁계약이 정하는 바에 따라 선량한 관리자
로서 그 업무를 성실히 수행하여야 한다. (영 제17조 제2항)

5. 부동산 투자자문회사의 등록취소
건설교통부장관은 부동산투자자문회사가 다음 각호의 1에 해당하는 경우에는
등록을 취소할 수 있다. 다만 제1호 또는 제2호에 해당하는 경우에는 등록을
취소하여야 한다. (법 제23조 제3항)
1. 속임수 그밖의 부정한 방법으로 부동산투자자문회사의 등록을 한 경우
2. 등록요건(자본금 10억 이상, 자산운용 전문인력 3인 이상)에 부적합하게 된

경우

3. 제39조 제2항의 규정에 의한 조치(건교부장관의 업무정지, 징계요구 등)를 정당한 사유없이 이행하지 아니한 경우

4. 이 법 또는 이 법에 의한 명령이나 처분에 위반하여 업무수행이 곤란하다고 인정되는 경우

6. 유사명칭 사용금지 및 기타사항

제1항의 규정(건교부 장관에게 등록)에 의한 등록을 하지 아니한 자는 그 상호 중에 부동산투자자문이라는 명칭을 사용하여서는 아니된다. (법 제23조 제4항)

부동산투자자문회사의 등록절차, 제출서류, 업무수탁의 범위 등에 관하여 필요한 사항은 대통령령으로 정한다. (법 제23조 제5항)

제7장 자산보관의 위탁

1. 자산보관의 위탁의무

부동산투자회사는 부동산·유가증권 및 현금의 보관과 이와 관련된 업무를 신탁업법에 의한 신탁회사(신탁업을 겸영하는 금융기관을 포함한다), 대한주택공사법에 의한 대한주택공사, 한국토지공사법에 의한 한국토지공사 및 금융기관자산등의효율적처리및한국자산관리공사의설립에관한법률에 의한 한국자산관리공사(이하 "자산보관기관"이라 한다)에 위탁하여야 한다. (법 제35조 제1항)

2. 자산보관기관

부동산투자회사는 보유하고 있는 유가증권 및 현금은 신탁업법에 의한 신탁회사 및 신탁업을 겸영하는 금융기관에 보관을 위탁하여야 한다. (영 제26조 제1호)

자산보관기관은 법 제35조 제3항의 규정에 의하여 부동산투자회사로부터 보관을 위탁받은 유가증권 중 증권거래법 제173조의 7의 규정에 의하여 예탁대상 유가증권으로 지정된 유가증권은 지체없이 증권예탁원에 예탁하여야 한다. (법 제35조 제3항,영 제26조 제2항)

부동산은 취득하는 즉시 회사명의로 소유권등기와 함께 신탁업법에 의한 신탁회사, 신탁업을 겸영하는 금융기관 대한주택공사, 한국토지공사 또는 한국자산관리공사에 신탁하여야 한다. (영 제26조 제2호)

대한주택공사, 한국토지공사 및 한국자산관리공사는 제1항의 규정에 의한 부동산의 보관업무를 수행함에 있어 신탁업법에 의한 신탁업의 인가를 받아야 한다. 이 경우 신탁업법 제7조 제1항, 제8조의 2, 제15조 및 제21조는 이를 적용하지 아니한다. (법 제35조 제2항)

대한주택공사, 한국토지공사 및 한국자산관리공사는 이 법 시행 후 1년까지는

제35조 제2항 및 신탁업법의 규정에 불구하고 동조 제1항의 규정에 의하여 위탁받은 부동산의 보관업무를 수행함에 있어 신탁업법에 의한 인가를 받은 것으로 본다. (부칙)

3. 자산보관계약

부동산투자회사가 자산보관기관과 체결하고자 하는 자산보관계약에는 다음 각호의 사항이 포함되어야 한다. (영 제27조 제1항)

1. 자산보관기관의 상호
2. 자산보관기관의 업무범위, 책임, 권한에 관한 사항
3. 자산의 보관방법에 관한 사항
4. 자산보관기관이 받는 수수료의 계산방법과 지급시기
5. 자산보관계약의 해지 또는 해제에 관한 사항
6. 자산보관기간을 정한 경우는 그 기간
7. 제26조 제1항 제2호의 규정에 의한 신탁의 경우는 신탁업법시행령 제18조 각호의 사항

자산보관기관은 자산보관계약 체결시 부동산투자회사로부터 다음 각호의 서류를 제출받아 이를 보관 또는 예탁하여야 한다. (영 제27조 제4항)

1. 법인등기부 등본
2. 정관
3. 사업자등록증사본
4. 대표이사의 법인인감증명서
5. 거래인감신고서
6. 이사회 의사록
7. 유가증권 실물
8. 그밖에 신탁등기에 필요한 서류

4. 자산보관기관의 선관의무 등

자산보관기관은 부동산투자회사를 위하여 법령 및 자산보관계약에 따라 선량한 관리자로서 그 업무를 성실히 수행하여야 한다. (법 제36조 제1항)

자산보관기관은 위탁받은 부동산투자회사의 자산을 그 고유재산이나 제3자로부터 보관을 위탁받은 자산과 구분하여 관리하여야 한다. (법 제36조 제3항)

자산보관기관은 법령 또는 자산보관계약에 위반된 행위를 하거나 그 임무를 게을리하여 부동산투자회사에 손해를 발생하게 한 때에는 그 손해를 배상할 책임이 있다. (법 제36조 제4항)

5. 자산보관기관 임직원의 행위준칙
자산보관기관은 법령을 준수하고 자산의 운용을 건전하게 하기 위하여 대통령령이 정하는 바에 따라 임·직원이 그 직무를 수행함에 있어서 따라야 할 기본적인 절차와 기준을 정하여야 한다. (법 제36조 제2항)

자산보관기관은 법 제36조 제2항의 규정에 따라 임직원이 자산보관업무를 수행함에 있어 따라야 할 기본적인 절차와 기준을 제정함에 있어 다음 각호의 사항이 포함되도록 하여야 한다. (영 제28조)
1. 임직원이 자산보관업무와 관련하여 알게 된 정보나 자료를 해당 부동산투자회사의 승인없이 제3자에게 제공하거나 업무 외의 용도로 사용하지 못한다는 뜻.
2. 자산보관기관의 임직원은 위탁받은 보관자산을 자산보관기관의 고유재산을 위하여 이용할 수 없다는 뜻.
3. 자산보관기관은 자산보관업무와 관련한 기록을 유지하고 장부를 갖추어 보관에 관한 사무처리 및 계산을 명백히 하여야 한다는 뜻.

제8장 정보의 공시

1. 투자보고서 작성의무

부동산투자회사는 대통령령이 정하는 바에 따라 매 분기 및 결산기의 투자보고서를 작성하여야 한다. (법 제37조 제1항)

투자보고서에는 다음 각호의 사항이 기재되어야 한다. (영 제29조 제1항)
1. 회사의 개황
2. 자산의 구성현황 및 변경내역
3. 총 수입금액, 수입구조, 수익률
4. 부동산 영업경비 등 지출에 관한 사항
5. 소유 부동산별 현황, 가격, 임대료, 주요 임차인 현황
6. 유가증권의 소유현황
7. 부동산개발사업에 관한 사항
8. 주주구성 및 주요주주의 현황(매결산기에 작성하는 투자보고서에 한한다)
9. 차입에 관한 사항
10. 주가변동상황
11. 요약된 대차대조표와 손익계산서
12. 회사의 경영과 관련된 중요한 소송진행사항
13. 법 제30조 단서의 규정에 해당하는 거래현황(부동산투자회사나 임직원등 과의 거래사항)
14. 그외 자산운용과 관련된 사항으로서 건설교통부 장관이 정하는 사항

2. 재무제표 등 작성 · 공시 · 송부 의무

1. 부동산투자회사는 대통령령이 정하는 바에 따라 매 분기 및 결산기의 재무제표와 투자보고서를 작성 · 비치 · 공시하고 주주 및 채권자들의 열람에 제공하여야 한다. (영 제37조, 법 제38조)
2. 부동산투자회사는 매 결산기 종료일 후 90일 이내에 매 결산기의 재무제표와 투자보고서를, 매 분기 종료일 후 45일 이내에 매 분기의 재무제표와 투

자보고서를 본점 및 지점에 비치 · 공시하고 주주 및 채권자들이 열람할 수 있도록 하여야 한다. (영 제29조 제2항)

3. 부동산 투자회사는 매 결산기 종료일 후 90일 이내에 매 결산기의 재무제표와 투자보고서를 당해 부동산 투자회사의 주주 및 채권자에게 송부하여야 한다. 다만 인터넷 등 전자매체를 이용하여 공시하는 경우에는 그러하지 아니하다. (영 제29조 제3항)

제9장 부동산투자회사의 업무감독

1. 감독기관에의 자료제출 및 보고의무

건설교통부장관은 공익 또는 부동산투자회사의 주주를 보호하기 위하여 필요하다고 인정되는 경우에는 부동산투자회사, 부동산투자자문회사, 자산의 투자·운용업무를 위탁받은 자 또는 자산보관기관에 대하여 이 법의 규정에 의한 업무 또는 재산 등에 관한 자료의 제출이나 보고를 명할 수 있다. (법 제39조 제1항)

부동산투자회사는 다음 각호의 1에 해당하는 사유가 발생한 때에는 그 발생일부터 10일 이내에 보고사항을 입증할 수 있는 관련서류를 첨부하여(영 제32조 제1항) 건설교통부장관에게 보고하여야 한다. (법 제41조 제1항)

1. 제19조 제1항의 규정에 의한 현물출자
2. 임원의 변경
3. 제30조 단서의 규정에 해당하는 거래의 체결
4. 그밖에 부동산투자회사의 경영상 중요한 사항으로서 대통령령이 정하는 사항(영 제32조 제2항)

　　가. 법 제50조 내지 제53조의 규정에 의하여 처벌을 받은 사실
　　나. 당해 부동산투자회사가 업무에 관하여 중대한 영향을 미칠 소송당사자로 된 사실
　　다. 당해 부동산투자회사에 관하여 파산의 신청이나 선고가 있는 사실
　　라. 당해 부동산투자회사에 관하여 화의 또는 회사정리 절차의 개시의 신청, 인가 또는 폐지가 있는 사실

2. 시정명령 및 징계

건설교통부장관은 제41조 제1항의 규정에 따라 보고받은 내용이 관계법령에 위배되거나 주주의 권익을 침해한다고 인정되는 경우에는 당해 부동산투자회사에 대하여 그 시정 또는 보완을 명할 수 있다. (법 제41조 제2항)

건설교통부장관은 이 법 또는 이 법에 의한 명령이나 처분에 위반한 사실이 있

는 때에는 부동산투자회사, 부동산투자자문회사, 자산의 투자·운용업무를 위탁받은 자 또는 자산보관기관에 대하여 다음 각호의 1의 조치를 취할 수 있다. (법 제39조 제2항)

1. 부동산투자회사 또는 부동산투자자문회사에 대한 업무의 전부 또는 일부의 정지
2. 부동산투자회사 또는 부동산투자자문회사의 경우 임원·직원의 해임 또는 징계의 요구
3. 그밖에 위반사항의 시정에 필요한 조치로서 대통령령(영 제30조)이 정하는 사항
   가. 당해 회사에 대한 경고 또는 주의
   나. 보유자산의 처분명령 등 시정 또는 변상의 요구

3. 인가를 요하는 사항

부동산투자회사는 다음 각호의 1에 해당하는 행위를 하고자 하는 경우에는 대통령령이 정하는 바에 따라 건설교통부장관의 인가를 받아야 한다. (법 제40조 제1항 본문)

1. 정관의 변경
2. 부동산투자회사의 해산
3. 영업전부의 양수 또는 양도

다만 제1호의 규정에 해당되는 경우(정관 변경) 중 대통령령이 정하는 경미한 사항을 변경하는 경우에는 그러하지 아니하다. (법 제40조 제1항 단서, 영 제31조 제2항)

1. 관계법령이 제정, 개정 또는 폐지됨에 따라 정관을 변경하는 경우
2. 법 제8조 제1항 제3호 내지 제11호, 제14호 및 제15호에서 규정한 사항을 변경하는 경우

인가신청서에는 다음 사항을 기재하여야 한다. (영 제31조 제1항)

1. 상호
2. 본점의 소재지

3. 인가신청의 내용 및 사유

인가신청서에는 다음 각 호의 서류를 첨부하여야 한다. (영 제31조 제2항)

1. 정관을 변경하는 경우에는 변경 전후의 정관
2. 주주총회의 결의를 필요로 하는 경우에는 이에 관한 주주총회 의사록
3. 이사회의 결의를 필요로 하는 경우에는 이에 관한 이사회 의사록
4. 해산의 경우에는 청산사무의 추진계획

4. 설립인가의 취소 및 해산등기 촉탁

설립인가 취소사유는 사유발생시 반드시 설립인가를 취소하는 경우(필요적)와 인가취소에 대한 판단을 감독기관의 재량에 맡기는 경우(임의적)로 나뉜다. (법 제42조 제1항)

필요적 설립인가 취소사유는 다음과 같다. (법 제42조 제1항 단서, 1호, 2호)

1. 속임수 그밖의 부정한 방법으로 제5조 제1항의 규정에 의한 설립인가를 받은 경우
2. 제5조 제3항의 규정에 의한 설립인가의 조건을 위반한 경우

임의적 설립인가 취소사유는 다음과 같다. (법 제42조 제1항 본문, 3호,4호)

3. 제39조 제2항의 규정에 의한 조치(건교부장관의 업무정지, 징계요구 등)를 정당한 사유없이 이행하지 아니한 경우
4. 이 법 또는 이 법에 의한 명령이나 처분을 위반하여 공익 또는 주주의 이익을 해할 우려가 있는 경우

건설교통부장관은 다음 각호의 1에 해당하는 처분을 하고자 하는 경우에는 행정절차법에 따라 청문을 실시하여야 한다. (법 제48조)

1. 제23조 제3항의 규정에 의한 등록의 취소
2. 제42조 제1항의 규정에 의한 설립인가의 취소

건설교통부장관은 제42조의 규정에 의한 설립인가의 취소로 부동산투자회사가 해산한 경우에는 부동산투자회사의 소재지를 관할하는 등기소에 해산등기를 촉탁하여야 한다. (법 제46조 제1항)

이 경우 건설교통부장관은 등기원인을 증명하는 서면을 첨부하여야 한다. (법 제46조 제2항)

제10장 합병 및 해산

1. 일반회사와의 합병 금지
부동산투자회사는 부동산투자회사가 아닌 회사와 합병할 수 없다. (법 제43조)

2. 부동산투자회사의 해산
부동산투자회사는 다음 각호의 1의 사유로 인하여 해산한다. (법 제44조)
1. 정관에서 정한 존립기간의 만료 그밖의 해산사유의 발생
2. 주주총회의 결의
3. 합병
4. 파산
5. 법원의 해산명령 또는 해산판결
6. 제42조의 규정에 의한 설립인가의 취소

제11장 기업구조조정 부동산투자회사

제1절 기업구조조정 부동산투자회사의 설립

1. 임직원 및 본점 외 영업소 설치 금지(Paper Company)

기업구조조정 부동산투자회사에는 본점 외의 영업소를 설치할 수 없으며, 직원을 고용하거나 상근인 임원을 둘 수 없다. (법 제49조의 2 제2항)

2. 기업구조조정 부동산투자회사에 관한 특례

기업구조조정 부동산투자회사에 대하여는 제9조, 제11조, 제15조, 제19조 제1항 후탄, 제22조, 제24조 제1항·제2항, 제25조 제1항 및 제28조의 규정을 적용하지 아니한다. (법 제49조의 2 본문)

따라서 부동산투자회사와 다음과 같은 차이가 있다.
   가. 설립시 30% 이상의 주식 일반공모 의무가 없다. (법 제9조)
   나. 설립시 현물출자가 가능하다. (법 제11조)
   다. 1인당 주식소유한도의 제한이 없다. (법 제15조)
   라. 자산운용전문인력을 두지 않아도 된다. (법 제22조) Paper Company의
      특성을 감안한 것이다.
   마. 부동산의 취득 후 일정기간 이내의 처분제한도 적용되지 않는다. (법 제
      24조)
   바. 총자산의 90% 이상을 부동산 관련자산으로 구성하여야 하는 자산구성
      요건도 적용되지 않는다. (법 제25조 제1항)

3. 설립시 현물출자 비율의 제한

설립시 기업구조조정 부동산투자회사에 대한 상법 제290조 제2호의 규정에 의한 현물출자는 당해 기업구조조정 부동산투자회사의 자본금의 100분의 30을 초과하여서는 아니된다. (법 제49조의 2 단서)

4. 기업구조조정 부동산투자회사의 설립인가

기업구조조정 부동산투자회사의 설립인가를 받고자 하는 자는 다음 각호의 사항이 기재된 인가신청서를 작성하여 건설교통부장관에게 제출하여야 한다. (영 제35조 제1항)

1. 상호
2. 본점의 소재지
3. 대표자 및 임원의 성명 · 주민등록번호 및 주소
4. 자본금에 관한 사항

기업구조조정 부동산투자회사 인가신청서 첨부서류는 다음과 같다. (영 제35조 제2항)

1. 정관
2. 주주명부
3. 임원의 경력증명서
4. 주금의 납입을 증명할 수 있는 서류
5. 인가신청일 현재 발기인의 주식인수 실적 주요주주 현황 및 그 소유 주식수를 기재한 서류
6. 본점의 명칭 및 위치를 기재한 서류
7. 업무의 종류와 방법을 기재한 서류
8. 자산관리회사, 증권투자회사법 제2조 제4호의 규정에 의한판매회사, 자산보관기관 및 증권투자회사법 제2조 제5호에 의한 일반사무수탁회사와 체결한 업무위탁계약서 사본
9. 현물출자를 하는 경우 제12조의 규정에 의하여 평가한 감정평가업자가 감정평가 결과

5. 인가시 금융감독위원회의 의견 확인

건설교통부장관은 기업구조조정 부동산투자회사의 인가신청을 받은 때 금융감독위원회 의견과 다음 각호의 사항을 확인하여야 한다. (영 제34조 제3항)

1. 업무위탁계약의 적정성
2. 현물출자를 하는 경우 그 적정성

6. 기업구조조정 부동산투자회사의 임원자격 제한

다음 각호의 1에 해당하는 자는 기업구조조정 부동산투자회사의 이사가 될 수 없다. (법 제49조의 2 제3항)

1. 제49조의 3 제1항의 규정에 의한 자산관리회사의 특별관계자
2. 제49조의 3 제1항의 규정에 의한 자산관리회사로부터 계속적으로 보수를 지급받고 있는 자
3. 그밖에 이사로서의 중립성을 저해할 우려가 있다고 대통령령이 정하는 자 (자산관리회사의 특별관계자, 자산관리회사로부터 계속적으로 보수를 지급받고 있는 자)의 배우자 또는 직계존비속을 말한다. (영 제35조)

제2절 자산관리회사

1. 자산관리회사의 설립인가

기업구조조정 부동산투자회사의 위탁을 받아 그 자산의 투자 · 운용업무를 수행하고자 하는 자("자산관리회사")는 다음 각호의 요건을 갖추어 건설교통부장관의 인가를 받아야 한다. 인가받은 사항을 변경하고자 하는 경우에도 또한 같다. (제49조의 3 제1항)

1. 자본금이 70억 원 이상일 것
2. 제22조의 규정에 의한 자산운용전문인력을 5인 이상 확보할 것

2. 인가신청서 기재사항

자산관리회사의 인가를 받고자 하는 자는 다음 각호의 사항이 기재된 인가신청서를 건설교통부장관에게 제출하여야 한다. (영 제36조 제1항)

1. 회사의 상호 및 소재지
2. 자본금에 관한 사항
3. 대표자 및 임원의 성명 · 주민등록번호와 주소
4. 업무수행의 방법
5. 자산운용전문 인력에 관한 사항

자산관리회사의 인가신청서에는 다음 각호의 서류를 첨부하여야 한다. (영 제36조 제1항)

1. 정관
2. 법인등기부등본
3. 자본금의 납입을 증명할 수 있는 서면
4. 주주의 성명 또는 명칭과 그 소유주식수를 기재한 서면(주식회사의 경우에 한한다)
5. 본점 · 지점의 명칭 및 위치를 기재한 서류
6. 업무개시 후 3년 동안의 사업계획서 및 예상수지계산서
7. 경영진 및 자산운용전문인력의 이력서 및 경력증명서

3. 자산관리회사의 인가요건

건설교통부장관은 자산관리회사의 인가 여부를 결정함에 있어서는 다음 각호의 사항을 확인하여야 한다. (제49조의 3 제2항)

1. 사업계획의 타당성
2. 주주구성과 주식인수자금의 적정성
3. 자산관리회사의 고유자산과 위탁받은 자산간의 구분관리계획의 적정성
4. 경영진의 전문성 및 경영능력

건설교통부 장관은 법 제36조 제1항의 규정에 의하여 인가신청을 받은 경우에는 다음 각호의 사항을 확인하여야 한다. (영 제37조)

1. 사업계획이 지속적인 영업을 영위하기에 적합한지 여부
2. 추정재무제표 및 수지전망이 사업계획에 비추어 타당성이 있는지 여부
3. 자산관리회사의 주요 출자자(설립시 자본금의 100분의 10이상 출자하는 자)가 충분한 출자능력이 있는지 여부
4. 자산관리회사의 고유자산과 위탁받은 자산과의 구분관리가 분명하고 위탁받은 자산간의 구분관리가 이익상충을 방지하기에 적정한지 여부
5. 대표자 및 임원 이 부동산이나 유가증권 등 자산의 투자 · 운용 · 관리 등에 충분한 경험과 지식을 갖추었는지 여부

4. 자산관리회사 임원결격사유 등

자산관리회사 임원의 자격요건은 부동산투자회사의 임원 및 발기인의 자격요
건을 준용한다. (제49조의 3 제4항) 따라서 부동산투자회사의 발기인이 될 수
없는자는 부동산투자회사의 임원, 자산관리회사의 임원 모두 될 수가 없다.

제3절 자산운용

1. 기업구조조정 부동산투자회사의 자산구성 요건

기업구조조정 부동산투자회사는 총자산의 100분의 70 이상이 다음의 부동산
으로 구성되어야 한다. (법 제49조의 2 제1항)

    가. 기업이 채권금융기관에 대한 부채등 채무를 상환하기 위해 매각하는 부
        동산

    나. 채권금융기관과 재무구조개선을 위한 약정을 체결하고 당해 약정 이행
        등을 위해 매각하는 부동산

    다. 회사정리법에 의한 회사정리절차 및 화의법에 의한 화의계획에 따라 매
        각하는 부동산

    라. 그밖에 기업의 구조조정을 지원하기 위하여 금융감독위원회가 필요하
        다고 인정하는 부동산

2. 자산관리회사의 겸업 금지의무

자산관리회사는 위탁받은 업무 이외의 다른 업무를 겸영하여서는 아니된다.
(제49조의 3 제2항 본문) 다만 예외적으로 다음의 경우에는 다른 업무와 겸영
이 가능하다. (제49조의 3 제2항 단서)

1. 이 법 또는 다른 법령에 의하여 허용된 경우
2. 다른 법령에 의하여 제21조 각호에서 정하는 업무를 위탁받아 영위할 수 있
   는 자로서 건설교통부장관이 투자자 보호에 지장이 없다고 인정하여 제1항
   의 규정에 의한 인가를 받은 경우

3. 기업구조조정 부동산투자회사의 자산운용에 대한 제한

기업구조조정 부동산투자회사는 법 제49조의 3 제6항의 규정에 의하여 그 자산의 투자·운용업무를 위탁한 자산관리회사 및 그 특별관계자(증권거래법 제21조 제1항의 규정에 의한 특별관계자를 말한다)와 부동산이나 유가증권의 거래행위를 하여서는 아니된다.

다만 다음의 경우에는 그러하지 아니하다.
1. 영 제22조 4호의 사유 (주식매수청구, 환매청구가 대량 일시적으로 발생할 경우)가 발생하여 기업구조조정 부동산투자회사가 보유하고 있는 유가증권(주식을 제외한다)을 매도하는 것이 불가피한 경우
2. 영 제23조 각호의 1에 해당하는 거래(불공정의 우려가 없는 거래)의 경우

제4절 주식매수청구권과 환매

1. 기업구조조정 부동산투자회사 주주의 주식매수청구

기업구조조정 부동산투자회사가 정관을 변경하여 주식의 매수를 제한하거나 그 존립기간을 연장하고자 하는 이사회 결의가 있는 경우 이에 대하여 반대하는 주주가 주주총회 전에 당해 기업구조조정 부동산투자회사에 대하여 서면으로 그 결의에 반대하는 의사를 통지한 때에는 당해 주주는 그 주주총회의 결의일부터 20일 이내에 주식의 종류와 수를 기재한 서면으로 자기가 소유하고 있는 주식의 매수를 청구할 수 있다. (법 제49조의 4 제1항)

제1항의 규정에 의하여 기업구조조정 부동산투자회사가 주식을 매수하는 경우의 매수가격 등에 관하여 필요한 사항은 대통령령으로 정한다. (법 제49조의 4 제2항)
법 제49조의 4 제2항의 규정에 의한 주식의 매수가격은 제11조 각호의 방법에 따라 산정한 자산총액에서 부채총액을 공제한 가액을 매수일 전일 현재의 발행주식 총수로 나눈 금액으로 한다. 이 경우 매수자금마련 등을 위하여 지급한 비용이 있는 경우에는 건설교통부령이 정하는 바에 따라 이를 추가로 공제할

수 있다. (영 제39조 제1항)

기업구조조정 부동산투자회사가 법 제49조의4 제1항의 규정에 해당하는 정관의 변경을 위하여 주주총회의 소집의 통지 또는 공고를 하는 경우에는 주식매수청구권의 내용 및 행사방법을 명시하여야 한다. 이 경우 상법 제370조 제1항의 규정에 의한 의결권 없는 주주에게도 그 사항을 통지하거나 공고하여야 한다. (영 제39조 제2항)

2. 기업구조조정 부동산투자회사 주주의 주식판매회사에 대한 환매 청구
기업구조조정 부동산투자회사의 주주는 당해 주식의 판매회사에 대하여 당해 주식의 환매를 청구할 수 없다. (법 제49조의 5 제1항 본문)
다만 주주의 이익을 보호하기 위하여 불가피한 경우로서 대통령령이 정하는 경우에는 그러하지 아니하다. (법 제49조의 5 제1항 단서)

법 제49조의 5제1항 단서에서 "대통령령이 정하는 경우"는 다음의 경우를 말한다. (영 제40조)
1. 기업구조조정 부동산투자회사가 설립후 2년이 경과한 경우로서 주주총회의 결의를 거친 경우(정관에 기재된 경우에 한한다)
2. 기업구조조정 부동산투자회사의 발행주식이 유가증권시장에 상장되거나 한국증권업협회에 등록되기 전에 주주가 사망하거나 파산, 이민 등으로 인하여 환매가 불가피한 경우

제1항 단서의 규정에 의하여 기업구조조정 부동산투자회사의 주주가 환매청구를 하는 경우 매수가격 및 매수대금의 지급방법 등에 관한 사항은 증권투자회사법 제50조 제2항 내지 제9항의 규정을 준용한다. 이 경우 "증권투자회사"는 "기업구조조정 부동산투자회사"로, "자산운용회사"는 "자산관리회사"로, "자산보관회사"는 "자산보관기관"으로 본다. (법 제49조의 5 제2항)

제5절 자산관리회사 등에 대한 업무감독

1. 금융감독위원회의 업무감독
건설교통부장관은 제5조의 규정에 의하여 기업구조조정 부동산투자회사의 인가를 하고자 하는 때에는 금융감독위원회의 의견을 들어야 한다. (법 제49조의 6 제1항)

금융감독위원회는 공익 또는 주주를 보호하기 위하여 필요하다고 인정되는 경우에는 기업구조조정 부동산투자회사, 자산관리회사, 자산보관기관, 증권투자회사법 제2조 제4호의 규정에 의한 판매회사(이하 "판매회사"라 한다) 또는 동조 제5호의 규정에 의한 일반사무수탁회사(이하 "일반사무수탁회사"라 한다)에 대하여 이 법의 규정에 의한 업무 또는 재산에 관한 검사를 하거나 자료의 제출 또는 보고를 명할 수 있다. (법 제49조의 6 제2항)

금융감독위원회는 이 법 또는 이 법에 의한 명령이나 처분에 위반한 사실이 있는 때에는 기업구조조정 부동산투자회사, 자산관리회사, 자산보관기관, 판매회사 또는 일반사무수탁회사에 대하여 제39조 제2항 각호의 1에 해당하는 조치를 취하도록 건설교통부장관에게 요구할 수 있다. (법 제49조의 6 제3항)

건설교통부장관은 제3항의 규정에 의한 금융감독위원회의 요구를 받은 때에는 특별한 사유가 없는 한 이에 응하여야 한다. (법 제49조의 6 제4항)
제1항의 규정과 관련하여 금융감독위원회는 금융감독기구의설치등에관한법률 제24조의 규정에 의한 금융감독원의 원장으로 하여금 그 업무에 관한 검사를 하게 할 수 있다. (법 제49조의 6 제5항)

2. 자산관리회사의 인가취소 등
부동산투자회사의 설립인가 취소에 관한 제42조, 제48조의 규정은 자산관리회사 설립인가의 취소에 준용한다. (제49조의 3 제4항, 제5항)

제12장 벌칙

1. 법정형이 5년 이하의 징역 또는 1억 원 이하의 벌금인 경우

다음 각호의 1에 해당하는 자는 5년 이하의 징역 또는 1억 원 이하의 벌금에 처한다. (법 제50조)

1. 제5조 제1항의 규정에 의한 인가 또는 변경인가를 받지 아니하고 부동산투자회사의 명칭을 사용하여 주식을 모집 또는 매출한 자
2. 속임수 그밖의 부정한 방법으로 제5조 제1항의 규정에 의한 부동산투자회사의 설립인가 또는 변경인가를 받은 자
3. 제21조의 규정에 위반하여 자산을 투자·운용한 자
4. 제32조 제1항의 규정에 위반하여 부동산투자회사의 미공개 자산운용정보의 이용으로 부동산 또는 유가증권을 매매하거나 타인에게 이를 이용하게 한 자
5. 속임수 그밖에 부정한 방법으로 제49조의 3의 규정에 의한 인가를 받은 자

2. 법정형이 3년 이하의 징역 또는 5000만 원 이하의 벌금인 경우

다음 각호의 1에 해당하는 자는 3년 이하의 징역 또는 5000만 원 이하의 벌금에 처한다. (법 제51조)

1. 속임수 그밖의 부정한 방법으로 제23조 제1항의 규정에 의한 부동산투자자문회사의 등록을 한 자
2. 제25조 제1항의 규정에 위반하여 자산을 운용한 자
3. 제26조 제1항 또는 제2항의 규정에 위반하여 부동산개발사업에 투자한 자
4. 제27조 제1항 또는 제3항의 규정에 위반하여 자산을 운용한 자
5. 제29조의 규정에 위반하여 자금차입을 한 자
6. 제30조의 규정에 위반하여 동조 각호의 1의 자와 거래를 한 자
7. 제49조의 2 제1항 제1호의 규정에 위반하여 자산을 운용한 자

3. 법정형이 1년 이하의 징역 또는 1000만 원 이하의 벌금인 경우

다음 각호의 1에 해당하는 자는 1년 이하의 징역 또는 1000만 원 이하의 벌금

에 처한다. (법 제52조)

1. 제3조 제3항의 규정에 위반하여 부동산투자회사의 명칭을 사용한 자
2. 제10조 또는 제17조의 규정에 위반하여 주식청약서 또는 투자설명서를 제 공하지 아니하거나 허위로 작성하여 제공한 자
3. 제15조 제3항의 규정에 의한 처분명령을 위반한 자
4. 제23조 제4항의 규정에 위반하여 부동산투자자문의 명칭을 사용한 자
5. 제24조 제1항 또는 제2항의 규정에 위반하여 부동산을 처분한 자
6. 제24조 제3항의 규정에 의한 실사보고서를 작성하지 아니하거나 허위로 작 성한 자
7. 제33조의 규정에 의한 행위준칙을 위반한 자
8. 제35조 제3항의 규정에 위반하여 유가증권을 증권예탁원에 예탁하지 아니 한 자
9. 제36조 제3항의 규정에 위반하여 자산을 구분관리하지 아니한 자
10. 제37조의 규정에 위반하여 투자보고서를 작성하지 아니한 자
11. 제40조 제1항의 규정에 의한 인가를 받지 아니하고 동조 동항 각호의 1의 행위를 한 자
12. 제41조 제2항의 규정에 의한 시정명령 또는 보완명령을 이행하지 아니 한 자

4. 양벌규정
법인의 대표자나 법인 또는 개인의 대리인·사용인 기타 종업원이 그 법인 또 는 개인의 업무에 관하여 제50조 내지 제52조의 위반행위를 한 때에는 행위자 를 벌하는 외에 그 법인 또는 개인에 대하여도 각 해당 조의 벌금형을 과한다. (법 제53조)

5. 과태료에 처하는 경우
다음 각호의 1에 해당하는 자는 500만 원 이하의 과태료에 처한다. (법 제54조 제1항)

1. 제26조 제3항의 규정에 위반하여 부동산개발사업에 투자한 자
2. 제38조의 규정에 의한 매분기 또는 결산기의 재무제표나 투자보고서를 비

치·공시하지 아니하거나 열람에 제공하지 아니한 자

3. 제39조 제1항의 규정에 의한 자료의 제출이나 보고명령을 이행하지 아니한 자
4. 제39조 제2항의 규정에 의한 조치를 이행하지 아니한 자
5. 제41조 제1항의 규정에 의한 보고의무를 이행하지 아니한 자
6. 제49조의 6 제2항의 규정에 의한 검사를 방해하거나 자료의 제출 또는 보고 명령을 이행하지 아니한 자

과태료의 부과는 건설교통부장관이 한다. (법 제54조 제2항)

건설교통부장관은 법 제54조 제2항의 규정에 의하여 과태료를 부과할 때에는 당해 위반행위를 조사·확인 후 위반사실과 과태료금액 등을 서면으로 명시하여 이를 과태료 처분대상자에게 통지하여야 한다. (영 제41조 제1항) 건설교통부장관은 제1항의 규정에 의하여 과태료를 부과하고자 하는 때에는 10일 이상의 기간을 정하여 과태료 처분대상자에게 구술 또는 서면에 의한 의견진술의 기회를 부여하여야 한다. 이 경우 지정된 기일까지 의견진술이 없는 때에는 의견이 없는 것으로 본다. (영 제41조 제2항)